「我一直在學習不讓憤怒戰勝理智。」
——電影《她們》

做情緒的最高主宰

王光波——編著

都市身心靈情緒調節課

前言 身呼吸，心生活

這個世界是由各式各樣的生命體組成，是春天的露水，是夏夜的苦蟬，是深秋的落葉，是寒冬的霜雪。在四季的輪替中，它們猶如報時台一樣，以各自的方式提醒著我們變遷。在如子彈列車般高速運轉的世界中，我們的情緒及靈魂，呈現出時而緩慢、時而緊張的態勢。

在這個物質時代，身處都市生活的我們，彷彿是被封閉在「都市」這個龐大罐頭的沙丁魚。毫無波瀾的生活、朝九晚五的工作，除了提供溫飽和少許成就感之外，無時無刻消磨著我們的肉體與心靈。

可還記得那個性格開朗、喜歡大笑的自己，那個始終堅持自己的創意，認同自己的感受，永不放棄，未曾妥協，那個目標堅定而內心充實的自己；可還記得自己明澈的眼瞳內，那毫不遲滯的夢想與激情？任何問題對你來說，都是強大內心的助推器，絕不是扯後腿的幕後推手。對你來說，腳下的路雖然坎坷不斷，但在你緊握的雙手中，是牢固的希望，而非絕望。

可還記得那個專注奮鬥的自己？雖然對未來有所期許，但從不做不切實際的白日夢，比起那些毫不振作，過一天算一天的「寄生蟲」，你向來是今日事今日畢，每天充滿朝氣，身邊的人也因此受到正面的影響。

你懂得自省與反思，明白生命的脆弱和不易，因此，你感恩而不浮躁，助人而不自私，承擔而不抱怨，珍惜而不揮霍，無論多苦，都會以積極的姿態，微笑著面對所有的挑戰。

這樣的自己，是否早已被你遺忘？如今的我們，誠然還保有昔日的光彩，但更多的是另一種形象的自己。是世界改變了我們，還是我們改變了世界？顯然是前者，它的力量過於強大，我們所能做的只有順應，而非對抗，但這並不意味著我們可以逆來順受，與自己、與內心為敵；在被高架橋與摩天樓占據的有限空間之中，我們是否依然能聽到呼喚全心自我的聲音？

生活就像一面鏡子，能映照出我們無奈與遺憾。在鋼筋水泥的都市裡，我們努力拚搏，透支身體，最後被無盡的欲望吞噬……我們還能回到當初嗎？靜觀我們當下的煩惱，回味曾經意氣風發的自己，不難發現，是我們將自己丟失在這個茫茫的都市中。其實，好與壞、悲與樂都在我們的轉念之間，誰都沒有束縛我們，是我們捆綁了自己。我們需要一場由內而外，觸及靈魂的徹底滌蕩。

於是這本書應運而生。這本書揭示了現代都市人心靈世界的課題，舉凡對生命的體認、對自我的肯定、對欲望的排解、對幸福的珍惜，均在探討的範圍之內。期待與讀者分享人生感悟、生活經歷，期待能提供讀者一個心靈的方向，抵達內心深處的福田。

目次

CHAPTER 02

CHAPTER 03

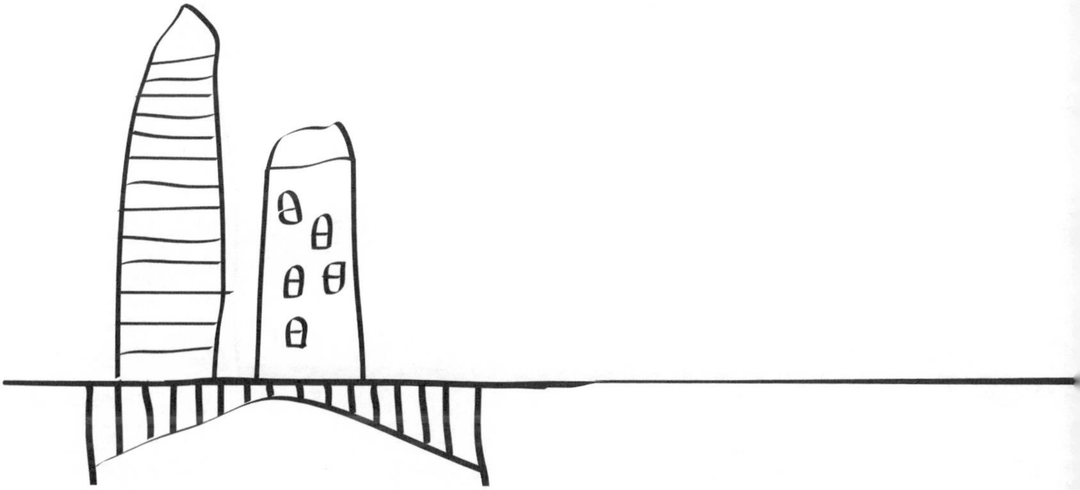

CHAPTER 04

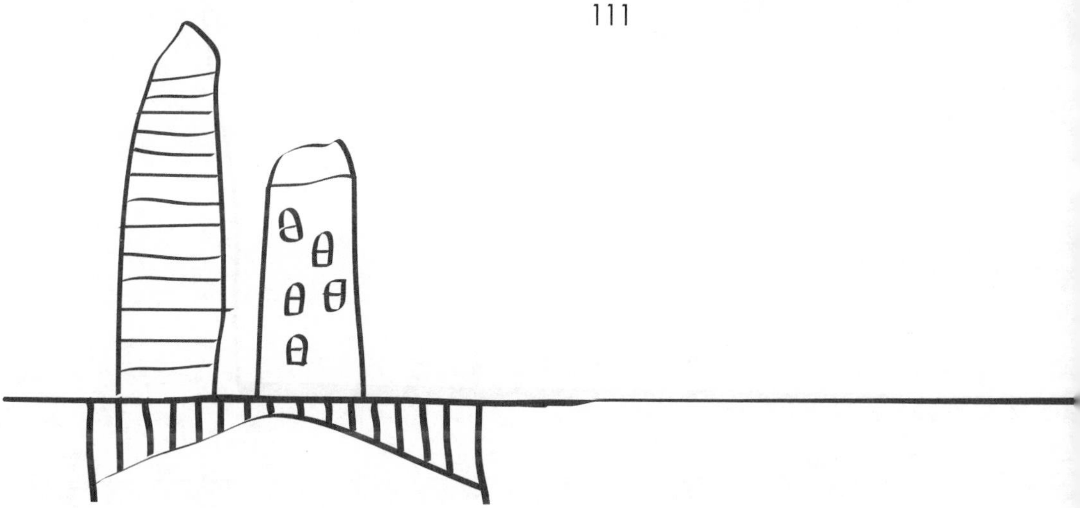

CHAPTER
05

學習放下的都市身心靈課

知足常樂，取捨間把握生活——133

CHAPTER 06

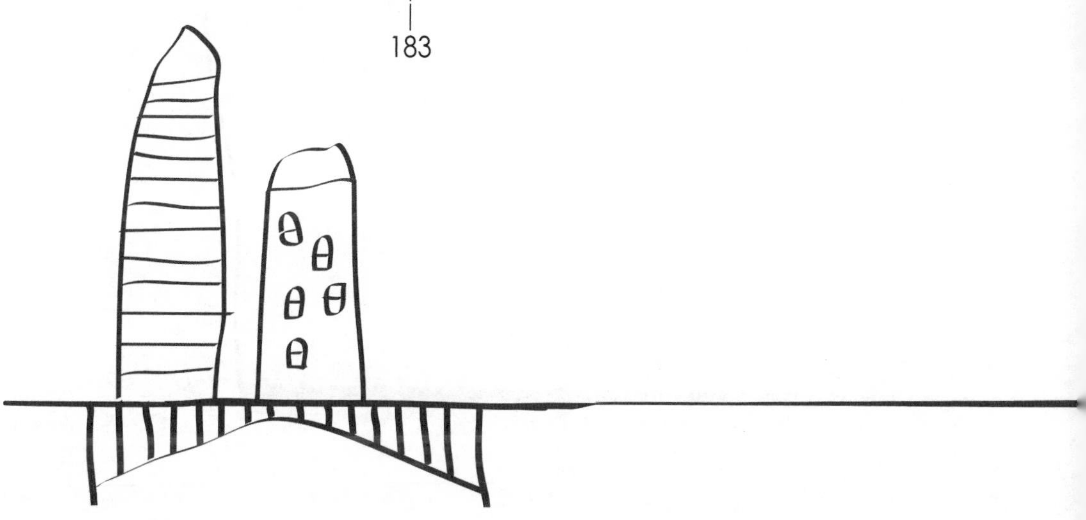

CHAPTER
07

都市身心靈仁慈課

CHAPTER 08

都市身心靈情緒調節課

CHAPTER 09

都市身心靈禪修課

靜心冥想的快意——299

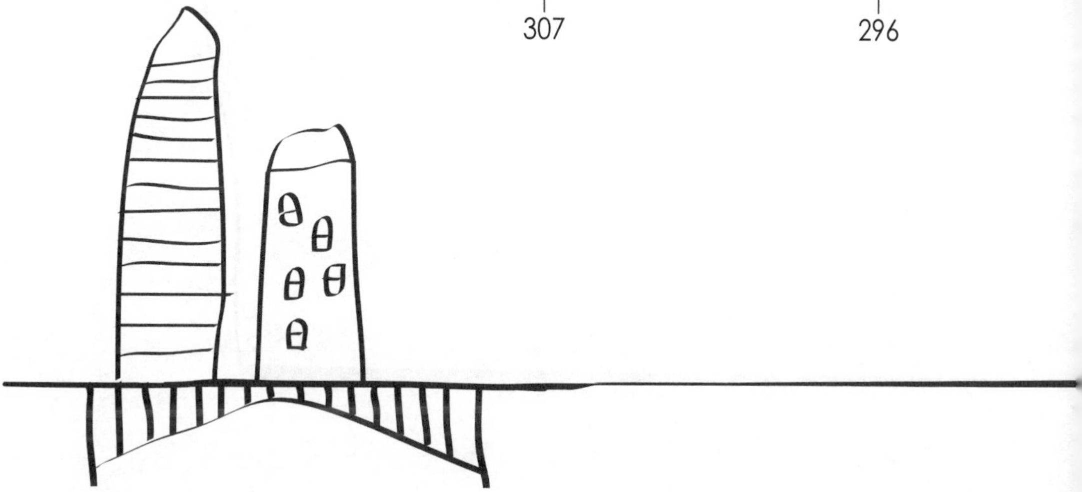

CHAPTER 01

找回認知本身的途徑

發現自我的都市身心靈課

是什麼讓我們模糊了視線，甚至遺忘了初心？也許我們原本就沒有迷失，我們只是有些累了，我們只是在紛擾複雜的都市，一不留神就被洶湧的人群吞沒了我們明澈的心境。讓我們從重新尋求自我的路徑開始，洗滌一下煩絮的內心。

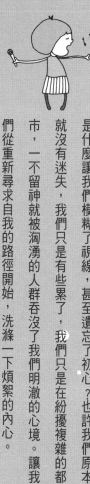

你所認為的自己和真正的自我，是否有差距？

我們總是為了生活而忙碌，卻忘記審視內心，思考生存的真正意義；我們也常常忙著左顧右盼地評判別人，卻忘了先審視自身、認識自己。許多人不曾真正面對過自己，不曾認真地審視那個真實的自己。

每個人都知道自己是誰。當被問起「你是誰」的時候，你一定會毫不猶豫地說出自己的名字，但是真正的你是什麼呢？你可能會進一步說出你的地位、你的能力、你的財產、你的生活主張……試圖描述出你自己。但是你可曾想過，我們所認為的「自己」和真正的「自我」，是否有差距呢？

事實上，我們根本不知道自己是誰。我們從小就被各式各樣的外在價值觀支配，跟隨著物質環境的腳步前進，不斷被外在環境奴役而不自知。剛出生的我們，頭腦中本來沒有任何知識、概念，一切都是空白的。隨著後天不斷的努力和學習，我們才漸漸地學會辨別事物的名稱、形象以及數量的多少。但我們對自身的認知，卻不是真正的自己。

有這樣一個故事：

有一天，一位禪師給了弟子一塊很好看的大石頭，要求他去市場把這塊石頭賣掉。師父說：「你試著去賣，不用真的把它賣掉。盡量多問一些人，回來後告訴我，它在市場最多能賣多少錢。」

弟子到了市場以後，向許多人詢問石頭的價值。市場的人們看著石頭，想：「它可以當做很好的小擺飾，可以給孩子玩，或者可以把它當做稱重用的秤鉈。」他們認為這塊石頭價值幾個小硬幣。

徒弟回來後對老禪師說：「這塊石頭最多只能賣得幾個硬幣。」

師父說：「現在你去黃金市場，問問那兒的人，這塊石頭價值多少。」

弟子從黃金市場回來後，很高興地說：「這些人簡直太棒了，他們樂意出一千元買這塊石頭。」

師父說：「現在你去珠寶商那兒，詢問一下價格。」

於是弟子去詢問珠寶商。結果珠寶商願意出五萬元來買這塊石頭。弟子聽從師父的指示，表示不願意賣掉石頭，想不到商人竟繼續抬高價格，出到十萬元之高的價格。但是弟子依舊堅持不賣。

珠寶商們說：「我們願意出二十萬元、三十萬元……只要你肯賣，你要多少，我們就給你多少！」

弟子覺得這些商人簡直瘋了，竟然願意花這麼大一筆錢買一塊毫不起眼的石頭。

弟子回到禪寺後，師父拿著石頭對他說：「現在你應該明白，我之所以讓你這樣做，是想要培養和鍛煉你認識自我價值的能力和對事物的理解力。如果你是生活在市場裡的人，你就只有那個市場的理解力，你就永遠不會認識更高的價值。你自己也可能是這塊被人們不斷改寫價碼的石頭，你覺得究竟值多少錢呢？」

我們可以反問自己，究竟是生活在市場、黃金市場，抑或是珠寶市場呢？在同樣的一個物質世界中，我們自身的價值標準應該如何衡量呢？我們需要不斷地認識自己、探究真實的自己，才能更全面、更準確地把握我們成長的軌跡。

古往今來的哲學家，不斷提醒人們要「認識自己」，但是古聖先哲卻沒有提出具體準則，告訴我們該如何做到「了解自我」。

古希臘德爾菲的女祭司說到「認識自己」時，並非只對希臘人而說，這句話也對全人類點出了認識自己的重要性。認識自己之於個人生存，就如同食物、衣服、遮風避雨處之於肉體生存。

西塞羅也說過「認識自己」的格言不僅旨在避免過度驕傲，也在於促使自己了解自身的價值，因為只有了解自我價值，才能更進一步邁向成功。

在任何時刻，你都要記得選擇你自己

真正能拯救自己的人只有自己。這個淺顯的道理人們往往無法徹悟，總需要別人的提點。孔子便是深諳這個道理的人，在面對他人的刁難時，孔子以此理輕鬆地向對方還以顏色。

衛國的王孫賈問孔子：「與其向比較尊貴的祭祀場所『奧』祈禱保佑，不如向並不尊貴但五祀之一的『灶神』祈禱保佑，這是什麼意思？」

孔子說：「此言差矣。如果犯了滔天大罪，向什麼神祈禱也沒用了。」

王孫賈的這番話，是想讓孔子知道：「你老是跟諸侯往來，我們這些士大夫如不在君王面前替你講幾句好話，是沒有用的！你拜訪了諸侯，還是該來向我們燒燒香。」

孔子卻笑道：「一個人如果真的做了壞事，怎樣禱告都是沒有用，哪一位菩薩都不會保佑你的。」言下之意就是他不用王孫的幫助，因為自己沒做錯事，君子坦蕩蕩。

每個人生命中都有許多貴人相助，但其實最大的貴人卻是自己。只有自己肯上進，充分發揮能力，才有可能闖出一片藍天。

美孚石油公司董事長洛奇到一家分公司去視察，在洗手間裡，他看到一位小夥子正跪在地上擦洗髒汙的水漬，每擦一下，就虔誠地叩一下頭。

洛奇感到很奇怪，問他為何這樣做。

小夥子答道：「我在感謝一位聖人，他幫助我找到了這份工作，讓我終於有了飯吃。」

洛奇笑了，說：「我曾經也遇到一位聖人，他使我成了美孚石油公司的董事長，你願意見他一下嗎？」

小夥子說：「我是個孤兒，從小靠別人養大，我一直都想報答養育過我的人。這位聖人若能使我吃飽之後，還有餘錢，我很願意去拜訪他。」

洛奇說：「你一定知道，南非有一座高山，叫胡克山。據我所知，那上面住著一位聖人，能為人指點迷津，凡是遇到他的人都會前程似錦。十年前，我到南非登上過那座山，正巧遇上他，並得到他的指點。假如你願意去拜訪，我可以向你的經理說情，准你一個月的假。」

這位年輕的小夥子是個虔誠的教徒，他謝過洛奇後，就真的上路了。他風餐露宿，日夜兼程，最後終於到達了自己心中的聖地。然而，他在山頂徘徊了一天，除了自己，什麼都沒有遇到。

小夥子很失望地回來了。他見到洛奇後說的第一句話是：「董事長先生，一路上我處處留意，但直至山頂，我發現，除我之外，根本沒有什麼聖人。」

洛奇說：「你說得很對，除你之外，根本沒有什麼聖人。因為，你自己就是聖人。」

後來，這位小夥子成了美孚石油公司的分公司經理。有一次，在接受記者採訪時，他向記者講述了這個故事，並說道：「發現自己的那一天，就是人生成功的開始。任何人只要相信自己，就能夠創造奇蹟。」

神、佛和他人，向來被人視為寄託與動力，然而失去了他們，人生其實並不會從此崩潰。所以孔子從不怕失去帝王與朝臣的支持，因為他有足夠的信心讓自己的言論受到更多人的青睞。每個人心中的神和聖都是自己，當發現真正的自己那一刻，當有足夠信心應對世事的一刻，你已經無可匹敵。

只有你能掌握自己的人生

傑克擁有一個美麗的蓮花池。那是他在鄉下住家附近的一片天然窪地，他說，這座落於鄉間的宅邸，是他的農場。水從遠處山丘上的蓄水池流入這片窪地，其間還要通過一個可調節水流大小的閥門開關。一切是那麼的和諧美滿，到了夏天澄澈的水面上就會鋪滿怒放的蓮花，鳥兒們在花間自由嬉戲，從早到晚都能聽到牠們的奏鳴音。極目遠眺，池塘的後面是一片更美的叢林，野生的漿果、灌木、蕨類植物爭相盛開，熱鬧極了。

傑克擁有一顆博愛的心。在他的領土上，你看不到「私人所有，不得擅入」的字樣。取而代之的是原野盡頭那讓人倍感親切的標語——「這裡的蓮花歡迎你」。他得到了所有人的由衷愛戴，原因很簡單，他真誠地愛著每一個人，願意與大家分享他的一切。

在這裡常常見到玩耍的天真孩子和風塵僕僕、步履蹣跚的旅人，他們離去時煥然一新的神情，彷彿卸下了所有的沉重負擔，有些人甚至把這裡稱為世外桃源。閒暇時身為主人的他，也會在此靜坐，享受夜晚的寂靜。當外人離去後，他便在園中來回踱步，或是坐在老式的木質長椅上伴著芬馥的野花香氣啜飲著美酒。他說，這裡是他一生最成功的所在，此處時常帶給他莫名的感動。

毗鄰此處的生物，彷彿也能感受到此處散發出的親善、寧謐、歡欣氣氛。牛羊們漫步到樹林邊古老的石欄下，張望著裡面美好的景致，動物們昭示著牠們歡欣愉悅的心情，或許這就是他的心中所求，因為每當此際，他也會露出會心的微笑，表示他能理解牠們的心滿意足與歡欣愉悅。

水源的供給原本豐沛，水池的進水閥總是開到最大，讓水流婉轉而下，不僅讓欄邊駐足的牛羊能飲到甘甜的山泉，鄰家的田園亦可受惠。

然而，傑克因故不得不離開此地一年的光景，這段時間，他把房子租給了另外一個男人，新租客是位非常現實的人，決不做任何無法帶來直接利益的事。於是連接蓮花池與蓄水池之間的閥門被關閉了，土地再也得不到泉水的滋潤和灌溉；此處立起的「這裡的蓮花歡迎你」標語也被移走；池邊再也見不到嬉戲的孩童和欣慰的旅人。這裡發生了天翻地覆的變化，再也不復往昔林木欣欣向榮、泉水涓涓而流的樣子。池裡的花朵因失去了賴以生存的水源而日漸凋零，只有伏在池底爛泥上枯萎的花莖還在向人們訴說著往日的榮景。原本在清澈的池水中悠然而動的魚早已化為枯骨，走近池邊，便能聞到牠們發出的腥臭。沒有了綻放的鮮花，鳥兒也不再停留於此，蜜蜂們已移居他處，園中亦不見蜿蜒的流水，欄外成群的牛羊也飲不到甘甜的清泉。

今日的蓮花池與傑克悉心照料的蓮花池有著天壤之別。造成這一切差別的原因是個微不足道的因素，僅僅是因為後者關閉了引水的閥門，阻止了來自山腰的水流。這個看似簡單的舉動，掐斷了一切生物的生命之源，不僅毀掉了生機盎然的蓮花池，還間接破壞了周遭的環境，剝奪了周遭鄰居們與動物們的幸福。

看了上面的故事，你是否對生命的真諦有了新的感悟？傑克那博愛的胸懷是宇宙間最真、最美的東西。

其實，故事裡的蓮花池跟你我的生命是無法相提並論的，因為它的生命完全掌握在他人之手，只有依賴別人替它打開閥門才能生存下去。相對於蓮花池的被動無助，我們擁有絕對的主權掌握自己的生命，至少我們可以擁有絕對的主導權，選擇所需要的能量及資訊，並依據自己的所思所想，完全掌握自己的人生。

厄運不會永遠與我們同在

有人說：「沒有永久的幸福，也沒有永久的不幸。」我們每個人都會遇到各式各樣的挫折和不幸，有的人不僅承受著一種磨難，有的人受打擊的時間可能長達幾年、十幾年，這些讓人極度厭惡的厄運也有它的致命弱點，那就是它無法持久存在。

人們在遭受了打擊之後，習慣抱怨自己的命運不好，其實抱怨無法解決問題，當問題發生的時候，我們一定要相信——厄運不久就會遠走，轉運的一天遲早會到來。

賓夕凡尼亞州匹茲堡市有一名三十五歲的女人，她原本過著平靜、舒適的中產階層的家庭生活。有一天，她突然連遭四重厄運的打擊。

丈夫在一次事故中喪生，留下兩個小孩。沒過多久，一個女兒被烤麵包的油脂燙傷了臉，醫生告訴她孩子臉上的傷疤終生難消，她為此傷透了心。她在一家小商店找了份工作，可沒過多久，這家商店就關門倒閉了。丈夫給她留下一份小額保險，但是她耽誤了最後一次保費的續交期，因此保險公司拒絕支付理賠。

碰到一連串不幸事件後，女人瀕臨絕望。她左思右想，為了自救，她決定再做一次努力，盡力拿到保險補償。在此之前，她一直與保險公司的基層員工打交道。當她想面見經理時，一位接待員告訴她經理出去了。她站在辦公室門口無所適從，就在這時，接待員離開了辦公桌。機遇來了。她毫不猶豫地走進裡面的辦公室，結果，看見經理獨自一人在那裡。經理很有禮貌地問候了她。她受到了鼓勵，沉著鎮靜地講述了索賠時碰到的難題。經理派人取來她的檔案，經過再三思索，決定應當以德為先，給予賠償，雖然站在法律的立場上公司沒有承擔賠償的義務。工作人員按照經理的決定，為她辦了賠償手續。

但是，由此引發的好運並沒有到此中止。這位經理尚未結婚，對這位年輕寡婦一見傾心。他替她打了電話，幾星期後，他為寡婦推薦了一位醫生，醫生為她的女兒治好了病，把臉上的傷疤清除乾淨；經理透過在一家大百貨公司工作的朋友，替寡婦安排了一份工作，而且這份工作比以前那份工作好多了。

又過了一陣子，經理向她求婚。幾個月後，他們結為夫妻，而且婚姻生活相當美滿。

這個故事完美地闡釋了「厄運」的壽命。否極泰來，即使是現在深陷困境，也會在不久之後就等到了厄運的夭折期。

易卜生說：「不因幸運而故步自封，不因厄運而一蹶不振。真正的強者，善於從順境中找到陰影，從逆境中找到光亮，時時校準自己前進的目標。」生活中，我們難免會遇到一些挫折，可是不管在任何時候，都不要因厄運而氣餒，厄運不會時時伴隨你，烏雲之後，和煦的陽光很快就會來臨。

凡事過於執著，必失去真正的自己

認識內心的世界，首先要認識我們的心。由識心而找心，由找心而明心，由明心而安心。人若能悟到這一層次，就算是修行到了真正的境界。照佛理所言，一切凡夫都有我相、人相、眾生相、壽者相，打破這些執念，自然能推開迷霧見青天，認識一個全然超新的自己。在這一過程中，我們要隨時觀察自己，要使此心無所住。如果心心念念在某一種東西上，或在某一種習氣上，始終不能解脫，就很難認清自己，更無法與世界形成和諧的關係。

因此，一個想看清自己，看透外界的人，必須學會不要將自己的心執著於任何觀念和習氣上。

馬祖道一禪師是南嶽懷讓禪師的弟子。他出家之前曾隨父親學做簸箕，後來父親覺得這個行當太沒出息，於是把兒子送到懷讓禪師那裡去學習禪道。在般若寺修行期間，馬祖整天盤腿靜坐，冥思苦想，希望能夠有一天修成正果。

有一次，懷讓禪師路過禪房，看見馬祖坐在那裡面無表情，神情專注，便上前問道：

「你在這裡做什麼？」

馬祖答道：「我在參禪打坐，這樣才能修練成佛。」

懷讓禪師靜靜地聽著，沒說什麼走開了。

第二天早上，馬祖吃完齋飯準備回到禪房繼續打坐，忽然看見懷讓禪師神情專注地坐在井邊的石頭上研磨著某樣物品。

他便走過去問道：「禪師，您在做什麼呀？」

懷讓禪師答道：「我在磨磚。」

馬祖又問：「磨磚做什麼？」

懷讓禪師說：「我想把它磨成一面鏡子。」

馬祖一愣，道：「這怎麼可能呢？磚本身就沒有光明，即使你磨得再平，它也不會成為鏡子的，你不要在這上面浪費時間了。」

懷讓禪師說：「磚不能磨成鏡子，那麼靜坐又怎麼能夠成佛呢？」

馬祖頓時開悟：「弟子愚昧，請師父明示。」

懷讓禪師說：「譬如馬在拉車，如果車不走了，你使用鞭子打車，還是打馬？參禪打坐也一樣，天天坐禪，能夠坐地成佛嗎？」

馬祖把心念執著於坐禪，所以始終得不到解脫，只有擺脫這種執著，才能有所突破。成佛並非執著索求或者靜坐念經就可，必須要身體力行才能有所進步。一開始終日冥思苦想著成佛的馬祖，在求佛之時，已經漸漸淪入歧途，偏離了參禪學佛的本意。馬祖未能明白成佛的道理，就像他沒有明白自己的本心一樣，他不了解自己的內心如何與佛同在，所以他犯了「執」的錯誤。

名師百丈和尚每次說法的時候，都有一位老人跟隨大眾聽法，眾人離開，老人亦離開。有一天，老人沒有離開，百丈禪師於是問：「面前站立的又是什麼人？」

老人說：「我不是人。在過去迦葉佛時代，我曾住持此山，因有位雲遊僧人問：『大修行的人還會落入因果嗎？』我回答：『不落因果。』就因為回答錯了，使我被罰變成為狐狸身而輪迴五百世。現在請和尚代轉一語，為我脫離野狐身。」語畢，老人接著問：「大修行的人還會落入因果嗎？」

百丈禪師答：「不昧因果。」

老人於言下大悟，行禮說道：「我已脫離野狐身，住在山後，請按和尚禮儀葬我。」

百丈禪師後來確實在後山洞穴中，找到一隻野狐的屍體，便依禮火葬。

這就是著名的「野狐禪」的故事，那個人為什麼被罰變身狐狸並輪迴五百世呢？就是因為他執著於因果，所以不得解脫。執著就像一個魔咒，令人心想掛念，不能自拔，最後常令人不得其果，操勞心神，反而迷失了對人生、對自身的真正認識。修佛也好，參禪也好，在認識和理解禪佛之前，修行者必須要先認識自己本身，然後發乎情地做事，漸漸理解禪佛之意。如果執著於認識禪佛之道，最後連本身都不顧，這就是本末倒置。就像一個人做事之前，必須要理解自身所長，才能放手施為地去做事。如果只看到事物的好處而忽略了自身能力，又怎麼可能將事情做好呢？這便是尋明心，安身心的魅力所在。

很多時候我們求「知」總是外指的，希望自己能夠了解整個外部世界，卻往往忽視了對自己內心的探求。其實我們首先要做的是認識自己。只有認識了自己，才能了解我們外部的世界。

禪院裡來了一個小和尚，雖然年紀輕輕，但是聰明勤快，他希望能夠盡快地有所覺悟，於是常常去找智閒禪師，誠懇地向禪師請教：「師父，我剛來到禪院，不知道應該做些什麼才能更快地有所悟，請師父指點一二。」

智閒禪師看著他誠懇的表情，微笑著說：「既然你剛剛來這裡，一定還不熟悉禪院裡的師父和師兄們，你先去認識一下他們吧。」

小和尚聽從了禪師的指教，接下來的幾日裡除了日常的勞作以及參禪，都積極地去結識其他的僧人們。

幾天之後他來到智閒禪師面前，說：「師父，禪院裡的其他禪師和師兄們我都已經認識過了，接下來呢？」

智閒禪師看了他一眼，說：「後院菜園裡的了元師兄你見過了嗎？」

小和尚默默地低下了頭。

智閒禪師說：「還是有遺漏啊，再去認識和了解吧！」

又過了幾天，小和尚再次來見智閒禪師，充滿信心地說：「師父，這次我終於把禪院裡的僧人都認識了，請您教我一些其他的事情吧！」

智閒禪師走到小沙彌身邊，氣定神閒地說：「還有一個人你沒有認識，而且這個人對你來說，特別的重要！」

小沙彌滿心疑惑，他離開智閒禪師的禪房後，問了每一位僧人，一間房一間房地去找那個對自己很重要的人，可是始終沒有找到。在深夜裡，他躺在床上思考：到底這個人是誰呢？過了很久，小沙彌始終找不到對自己很重要的那個人，但是也不敢再去問禪師。

打坐完後的一天下午，他正準備燒水做飯，挑水的時候正好有一口井，在水面上他突然看見了自己的身影，他頓時明白了智閒禪師讓他尋找的那個人，原來就是自己！

有個人，離自己很近也很遠，很親也很疏，很容易想起，也很容易忘記，這個人就是我們自己。其實我們很多人都像這個小和尚一樣，好奇地打量著外部的世界，積極地探索著這個世界中的未知，但是卻忽視了自己。連自己都沒有真正認識，如何去了解這個世界呢？只有完全認識了自己，才能更深刻地接觸世界，但是認識自己其實比認識世界要困難得多。

在尋找自我的過程中，要對自己的優缺點有個清晰的認識。聖嚴法師曾經以照鏡子為例，來說明這個道理：一般人對自己的缺點，大都採取隱瞞、掩蓋或不願檢討和承認。這種人，往往是一臉的灰塵、油垢，但不願自我反省和檢查。他也許曾照過鏡子，但看到又髒又醜的自己，就沒有勇氣再面對鏡子。這種人不清楚、不了解自己的長相，拒絕看清自己的缺點，往往是自我膨脹的。就像火雞看到外敵時，頸部和身上的毛就豎直膨脹，藉以誇大實力，希望讓對手以為牠體型變大了，但大家都清楚，這只是假象。所以我們要隨時保持自省，不斷地從自我反思中深入地認識自己。

丈量自己的內心，時時審視自己

物品的重量，用秤量過，就能知道它的輕重；用尺量過，就能知道它的長短。世間萬物，多能透過某些標準的衡量，而知道究竟。一個人的修養，則需要經常反觀自省，才能認識自己、改善自己。自省，簡而言之就是自我反省、自我檢查，才能「自知己短」，從而彌補短處，糾正過失。上帝在每個人的肩上都掛了兩個袋子，一個在胸前，一個在背後。前面的袋子裝著自己的優點，後面的袋子則裝著自己的缺點。結果，每個人只要一睜開眼睛，看見的就是自己的優點和別人的缺點。所以，每個人都認為自己最優秀，別人最愚蠢，因而對別人總是求全責備，對自己總是肯定讚揚。

有位哲學家在晚年的時候刺瞎了自己的雙眼。別人都不理解他的這一舉動。他說：「我只是為了更透徹地看清自己。」知人者智，自知者明。真正的聰明人必須具備自知之明。何謂自知之明？孔子說：「知之為知之，不知為不知，是知也。」

孔子的學生曾子也強調：「吾日三省吾身。」聖人都有自知之明，是因為他們時刻審視著自己，這樣的人，一般都很少犯錯，因為他們會時時考慮：我的缺點有哪些？為什麼失敗了或成功了？

有一個年輕人，在街角的小店借用電話。他用一條手帕，蓋著電話筒，然後說：「是王公館嗎？我是打電話來應徵園丁工作的，我有很豐富的經驗，相信一定可以勝任。」

接電話的管家說：「先生，你恐怕弄錯了，我家主人對現在聘用的園丁非常滿意，主人說園丁是一位盡責、熱心和勤奮的人，所以我們這兒並沒有園丁的空缺。」

年輕人聽罷，便有禮貌地說：「對不起，可能是我弄錯了。」接著便掛了電話。

小店的老闆聽了年輕人的話，便說：「年輕人，你想找園丁工作嗎？我的親戚正要請人，你有興趣嗎？」

年輕人說：「多謝你的好意，其實我就是王公館的園丁。我剛才打的電話，是用以自我檢查，確定自己的表現是否合乎主人的標準而已。」

人生最大的敵人是自己。那些認真審視自己、時刻反省自己的人，才有可能真正覺悟。反省是一棵智慧樹，只有深植在思維裡，它才能與你的神經互聯，為你提供源源不斷的智慧，讓人生這條路變得簡單、精彩起來。只有不斷自我反省，才能使自己不斷進步。

自處超然，失意泰然

弘一大師有云：「事當快意處，須轉。言到快意時，須住。殃咎之來，未有不始於快心者。故君子得意而憂，逢喜而懼。」人在得意時需要打住，靜靜地內省，不能忘形，以免因此而使自己不慎犯錯。

一隻風箏在微風中飄然升起，越過了屋頂，飄過了樹梢。

這時，站在樹上的喜鵲對它說：「風箏大哥，你飛得真好！」

「不。」風箏謙虛地說。「要不是有風，要不是有線牽著我，我是飛不好的！」

風越來越大了，線越放越長了，風箏也越飛越高了。當它飛過山頂的時候，心裡就有些飄飄然了：「啊！當我躺在屋裡桌子上的時候，怎麼也不知道我原來也是一個飛翔的天才！」

風箏隨著風，不停地上升，一直飛到了白雲之上。當它俯視地面的時候，地上的房屋、樹木、河流，甚至大山都顯得那麼渺小，就連平時高飛的雄鷹，現在也在它的腳下。它心裡有一種說不出的滋味，彷彿自己的身體也在膨脹，變得高大起來。

「喂！」它毫不客氣地對在它腳下盤旋的雄鷹說。「抬起頭來看看我！過去人們總是讚揚你飛得高，現在怎麼樣？我比你飛得還要高！」

雄鷹抬頭看看它，並沒有與它爭辯，只是意味深長地瞅了瞅它身下那根長長的線，微微一笑。

見到雄鷹的態度，風箏沉不住氣了，它漲紅了臉說：「你這是什麼意思？好像我離了線就不能飛似的！其實，我還可以飛得更高些，都怪這條可惡的線！」為了顯示自己的才能，風箏拚命掙扎，只聽得「啪」的一聲，拴在它身上的線斷了。

風箏很得意，心裡想：「這下可好了！我可以自由飛翔了，想飛多高就飛多高！」

結果在斷線的瞬間，它迅速又猛烈地向上衝了好大一截。接著便失去了重心，在風中身不由己地向下翻滾，最後一頭栽進了臭水溝。

風箏離開了線便會跌跤，人過於忘形而脫離底線，就容易遭遇挫折。可見「得意忘形」害人不淺。

對於「得意忘形」，人們往往很容易理解，然而世間還存在一種情況——「失意忘形」。其意思也不難理解，就是說有的人本來很好，富貴得意，對任何事情都處理得很好，然而一旦失意，卻連人也不願意見，自卑、煩惱接踵而至，完全像變了一個人一樣。

不要得意忘形，這是很難做到的。一個人發了財，有了地位，有了年齡，或者有了學問，自然氣勢就很高，得意就忘形了，所以人要做到得意不忘形很難。但是還有另一面，有許多人是失意忘形，這種人可以在功名富貴的時候，修養蠻好，一到了沒得功名富貴玩的時候，就都完了，都變了；自己覺得自己都矮了，都小了，變成失意忘形。

所以得意忘形與失意忘形，同樣都是沒有修養，都是不夠的。走出陰影，沐浴在明媚的陽光中。不管過去的一切多麼痛苦，多麼頑固，把它們拋到九霄雲外。不要讓擔憂、恐懼、焦慮和遺憾消耗你的精力。要主宰自己，做自己的主人，從從容容才是真。

CHAPTER 02

在匆忙中找到不迷失的自己

斷滅執著的都市身心靈課

人的痛苦，大多來自對諸多事情的執念。霧裡看花，以為窺視到了某類本相，實際上還是在原地打轉。它讓我們迷失了原本清晰的方向，以至於我們猶如行走夜路的歸人，總是錯入死胡同，頻頻碰壁。破除執念，就像是擦玻璃，只待我們將內心的陰影抹去，便得以享受內心的寧靜與安逸。

我們可以選擇看人生的角度

人生總有滿足與缺憾，這是沒有辦法控制的。但是我們可以選擇看人生的角度。那些失去的我們無法挽回，不如就勇敢地接受，並用自己的雙手開創出一片新的天地。

《千手觀音》領舞者邰麗華沒有因為自己身體的缺陷就放棄了追求人生的價值，而是用心去感受生活、熱愛生活，用一顆堅強、火熱的心，創造生活。

邰麗華是中國唯一登上兩大世界頂級藝術殿堂——美國紐約卡內基音樂廳和義大利斯卡拉大劇院的舞蹈演員，也許她並沒有達到舞蹈的頂峰，但她卻用自己的行動證明了一個殘疾人只要透過努力一樣可以取得了不起的成就。

邰麗華在兩歲那年，因高燒失去了聽力，沒過多久，又失去了甜美的歌喉，她從此陷入了無聲世界。她當時的寂寞與痛苦難以想像。當她快滿七歲那年，父母決定將她送入聾啞學校學習。在那裡的一堂律動課改變了她的人生。聾啞學校的律動課是為了讓學生透過震顫感受到節奏的變化。當老師踏響木地板上的象腳鼓時，一種奇特而自然的振動節奏剎那間傳遍邰麗華的全身，她感受到一種新奇的感知。當別的同學表現出萬分高興的時候，她已經將整個身體匍匐在地板上，深深地投入到那充滿幸福的律動之中了。

她激動，她興奮，眸子閃亮，小臉通紅，她感覺到這個世界從未有過的美好。她指著自己的胸口，用三個手勢告訴老師：「我——喜——歡。」她努力地感受不同的振動，嬌小的身體隨之擺動。她突然發現，這是一種屬於她的語言。她比別人勤於思考，更善於用舞蹈來表達情感。從此她踏上了她的舞蹈之路。在婀娜的舞姿背後，邰麗華要付出比常人多好幾倍的辛苦努力。臺上一分鐘，臺下十年功。她全身心地投入舞蹈事業中，為了練舞，她將自己變成了一隻旋轉的陀螺，一天二十四小時，除了吃飯和睡覺的時間之外，其他時間都是在舞蹈——抓不准節拍再練，動作不對再改，一次又一次摔倒再爬起。練得身上青一塊、紫一塊，以致小腿上留下了一道又一道黑青的傷疤。

憑著執著與努力，她在十五歲時，就隨中國殘疾人藝術團出國演出。在很多次舞蹈比賽中，評審委員們根本沒有發現她是一位雙耳失聰的殘疾人。邰麗華全心投入熱愛的舞蹈中，一曲《雀之靈》有多少節拍，她沒有仔細計算過，但老師做過一次測試，邰麗華憑著感覺舞完這七百多個節拍，竟絲絲入扣，沒有一點差錯。她唯一的方法就是記憶、重複、再記憶，到最後她心裡已經有了一支永遠隨時為她響起的樂隊。她覺得自己已經註定一生都要用身體的舞蹈和心中的音樂去膜拜生命。

重新燃起的生命之火讓邰麗華認識存在的意義。她愛上了舞蹈，雖然聽不到音樂，但是她用自己的心去伴奏。她說：「殘疾不是缺陷，而是人類多元化的特點。殘疾不是不幸，而是生活中的不便。殘疾人也有生命的價值。越是殘缺，越要美麗！」舞蹈，對於邰麗華來說，是兒時的嬉戲，是精神的寄託，是感受這個世界的特定方式。她用行動告訴人們，她和正常人一樣，可以體驗與創造這個世界的豐富多彩。

以坦然的心境面對發生的事情

我們的心，每天都在上天堂、下地獄，來來回回周遊著。順心如意，歡喜得意，便是天堂；惡念紛飛，受挫憂悒，即地獄。天堂、地獄其實都在人間，在我們每個人的心中，心中一念善就是天堂，心中一念惡就是地獄，就看大家怎麼選擇。你我皆凡人，生在天地間，註定逃不掉世俗的牽絆，與其為外境所困，不如用一顆寧靜淡泊的心平和對待。

有一名弟子打坐時，總覺得有一隻五彩斑斕的蜘蛛在自己身上爬來爬去，他常常被驚嚇得無法入定，於是他便將這事告訴了他的師父——一位老禪師。

老禪師遞給他一支筆，說：「下次這隻蜘蛛再出現時，你把牠出現的位置畫下來，這樣才可以知道牠從何而來，才能想辦法驅逐。」

這名弟子再次打坐時，蜘蛛又出現了，他標下蜘蛛的位置，急匆匆地找到禪師。老禪師指著弟子畫的圈，問道：「難道你還不知牠從何而來？」

弟子低頭一看，只見這個圈正畫在自己心的位置。

五彩蜘蛛，不在別處，只是源於自己內心的妄念，因而由心所生。「心淨則國土淨」，心中澄明，則處處是淨土，心中有礙，則處處是煉獄。

日本明治時代有一位著名的南隱禪師，常常能用一兩簡短睿智的話語發人深省。因此很多人慕名而至，前來問佛參禪。

有一天，一位官員前來拜訪，請南隱禪師為他講解天堂與地獄的真諦，並希望禪師能夠帶他到天堂和地獄去看一看。

南隱禪師面露鄙夷之色，細細打量了他一番，然後問道：「你是何人？」

官員說：「在下是一員武將。」

南隱禪師哈哈大笑，並以很刻薄的口吻嘲笑道：「就你這副模樣，居然也敢稱自己是一名將軍！真是笑死人了！」

官員大怒，立刻差遣身邊的差役棒打南隱禪師。

南隱禪師跑到佛像之後，露出頭來對著官員喊：「你不是要我帶你參觀地獄嗎？看，這就是地獄！」

官員頓時明白了南隱禪師所指，心生愧疚，並被南隱禪師的智慧所折服，於是走到禪師面前，恭恭敬敬地低頭道歉。南隱禪師笑著說：「看啊，這不就是天堂了嗎？」

在聽到南隱禪師的譏諷之後，這名官員尚未思考禪師的用意便勃然大怒，一念之間，便墜入了地獄；反之，當他以坦然平和的心境對待所發生的事情時，天堂也就在眼前了。這正是一念天堂，一念地獄。

星雲大師說：「天堂、地獄，唯在一心。可以海闊天空，也可以坐困愁城，可以自在生活，也可以擾攘終日，是天堂，是地獄，完全在於自己的選擇。」正是這種選擇決定了一個人將成為快樂生活的主人還是憂愁煩惱的奴隸。你選擇成為一名智者，還是一名癡人呢？

苛求他人，等於孤立自己

每個人都有可取的一面，也有不足的地方。與人相處，如果總是苛求十全十美，將永遠交不到真心的朋友。在這一點，曾國藩早就有了自己的見解，他曾經說過：「概天下無無瑕之才，無隙之交。大過改之，微瑕涵之，則可。」這句話的意思是說：天下沒有一點缺點也沒有的人，也沒有一點縫隙也沒有的交情。有了大的錯誤，要能夠改正，剩下小的缺陷，人們給予包容，就可以了。為此，曾國藩總是能夠寬容別人，諒解別人。

曾國藩年少在長沙讀書的時候，有一位性情暴躁的同學，對人很不友善。因為曾國藩的書桌是靠近窗戶的，他就說：「教室裡的光線都是從窗戶射進來的，你的桌子放在了窗前，把光線擋住了，這讓我們怎麼讀書？」他命令曾國藩把桌子搬開。曾國藩也不與他爭辯，搬著書桌就去了角落。

曾國藩喜歡夜讀，每每到了深夜，還在用功。那位同學又看不慣了：「這麼晚了還不睡覺，打擾別人的休息，別人第二天怎麼上課啊？」

曾國藩聽了，不敢大聲朗誦了，改為默讀。一段時間之後，曾國藩中了舉人，那人聽了，就說：「他把桌子搬到了角落，把原本屬於我的風水帶去了角落，他是沾了我的光才考中舉人的。」別人聽他這麼一說，都為曾國藩打抱不平，覺得那個同學欺人太甚。

可是曾國藩毫不在意，還安慰別人說：「他就是那樣子的人，就讓他說吧，我們不要與他計較。」

凡是成大事者，都有廣闊的胸襟。他們在與別人相處的時候，不會計較別人的短處，而是以一顆平常心看待別人的長處，從中看到別人的優點，彌補自己的不足。如果眼睛只能看到別人的短處，那麼這個人的眼裡就只有缺陷，而看不到別人美好的一面。生活中，每個人都可能跟別人發生矛盾。如果一味地跟別人計較，就可能浪費自己很多精力。與其把自己的時間浪費在一些雞毛蒜皮的小事上，不如放開胸懷，給別人一次機會，也可以讓自己有更多的精力去做更多有意義的事情。

一位在山中茅屋修行的禪師，趁夜色到林中散步，在皎潔的月光下，突然開悟。

他喜悅地走回住處，眼見自己的茅屋遭小偷光顧。找不到任何財物的小偷要離開的時候，在門口遇見了禪師。

原來，禪師怕驚動小偷，一直站在門口等待。他知道小偷一定找不到任何值錢的東西，就把自己的外衣脫掉拿在手上。

小偷遇見禪師，正感到驚愕的時候，禪師說：「你走那麼遠的山路來探望我，總不能讓你空手而回呀！夜涼了，你帶著這件衣服走吧！」說著，就把衣服披在小偷身上。

小偷不知所措，低著頭溜走了。禪師看著小偷的背影穿過明亮的月光消失在山林之中，不禁感慨地說：「可憐的人呀！但願我能送一輪明月給他。」

禪師目送小偷走了以後，回到茅屋赤身打坐，他看著窗外的明月，進入空境。第二天，他睜開眼睛，看到他披在小偷身上的外衣被整齊地疊好，放在了門口。禪師非常高興，喃喃地說：「我終於送了他一輪明月！」

面對盜賊，禪師既沒有責罵，也沒有告官，而是以寬容的心原諒了他，禪師的寬容和原諒終於換得了小偷的醒悟。可見，寬容比強硬的反抗更具有感召力。我們與人發生衝突時，總想著與對方爭個高下，往往因為說話的態度不好，而與人大動干戈。其實，很多事情如果能冷靜思考一下，也就過去了。衝突的對方，也不一定是故意的，我們應多給予對方包容，雙方以同理心思考一下，不僅能為自己減少許多麻煩，也能讓這個世界多一份祥和。

人生無常，得失是生活的常態

得到的再多，也沒有滿足的時候；即使失去得很少，也會患得患失，這是大多數人的共性。我們沒有辦法淡然面對得失，所以常常會因為過於看重名譽和地位而苦悶不堪。在得失方面，胡雪巖一直表現得很淡然，得意的時候，他總是坦坦蕩蕩；失意的時候，也會泰然自若。

朝廷中的北洋派系和南洋派系鬥爭激烈的時候，李鴻章千方百計地找胡雪巖的麻煩。在他們的眼裡，只要扳倒胡雪巖，就等於是斬斷了左宗棠的一隻翅膀。但是胡雪巖雖然經常干預官場，卻因為沒有官位頭銜而讓李鴻章找不到很好的藉口。李鴻章的下屬丁日昌，決定從商場上牽制胡雪巖。他在暗中聯合了幾個藥店，以絕對低廉的價格掀起了一場藥店的價格大戰。胡雪巖也因為同行的聯合擠兌而遭受了極大的損失。可是，他並沒有因商場上的失意而患得患失，而是依然很冷靜地對待身邊的每一件事。阜康擠兌風潮波及杭州，在杭州主事的螺螄太太是個能幹的人，但是她也被這場風波驚嚇到了，一時之間不知道如何應付。

就在這個時候，胡雪巖回到了杭州。他進錢莊的時候，正好趕上吃飯。他一時興起，居然跑到飯桌前檢查夥計們的伙食，見桌上只有幾個素菜，他囑咐大家應該給大家加兩個菜，而且天氣已經冷了，該準備個火鍋。胡雪巖說，阜康冬至以後採用火鍋的規矩應該改一改，也應該學習一下洋人，按照氣溫而定，而不是只看時令。有時候，雖然沒有到冬至，可是氣溫已經很低了，如果大家堅守著節令，勢必要受苦的。

店鋪馬上要倒閉了，胡雪巖卻不為得失所動，還關心著大家的伙食。正是因為這樣的泰然自若，將得失放開的豁達心理，使得胡雪巖扭轉了局面，讓自己在以後的道路上獲得了更好的發展。

我們都害怕失去，可是有時候越在意就越做不好。例如，我們希望考出好成績，可是越想考好，就越緊張，結果發揮失常，還不如原來放輕鬆的時候考得好；我們希望在職場中嶄露頭角，可是越是想表現自己，就越是沒辦法把工作做好……心裡有了壓力，自然就沒辦法很好地發揮自己，所以與其因為過於緊張而讓自己失去更多，還不如揮別得失心。得了，算是自己賺了；失去，也別太往心裡去，當做參與了一場遊戲。

我們會工作，會學習，但還不懂得如何享受生活。享受生活的真諦是知道什麼該追求，什麼該捨棄。只有這樣，我們才能真正領會生活的詩意、生活的無窮樂趣，這樣我們工作起來，也就會感到更有意義。不要太計較生活的得失，也不要總是讓自己那麼辛苦和勞累，人的生命只有一次，除了應該努力創造之外，還要學會休息與享受。

糾結於表象讓人痛苦

儒家講「有」，重在影響實際生活，道家講求虛無自在，悠悠蕩蕩一水間，別無牽掛，逍遙於俗世之外，不計苦樂，只求我心悠然。其實「有」也好，「無」也罷，都是一種生活態度，都是以自己獨特的價值理想來處世為人，因此，「有」並非孤行於世，「無」亦非「四大皆空」。而是快樂生活，超脫煩惱的智慧與途徑。

一群背包客正痛苦地行走在一條佈滿荊棘的山道上，兩邊雖然草木蔥蘢，鳥聲不絕，但是這一群人卻無半點歡笑，因為他們迷路了。

這群人已經在這座山上轉了幾個小時，又累又乏，手機也沒了信號，現在只希望能遇到當地人。兩個多小時後，太陽慢慢地向西邊落下，一群人饑腸轆轆，絕望的氣氛籠罩著他們。此時，來了一位老道士。這一群人急忙打起精神，問老道士離開這座山的通道。

道士施禮後，說道：「離開山的道路一直都在。」

眾人大惑不解，四處張望，眼前只有草木，連一條能通行的小道也沒有。

道士繼續說道：「我剛才看到你們一直在荊棘叢裡走來走去，現在你們回頭看看，那裡不是已經有一條路了嗎？」

眾人回頭一看，果然那片荊棘叢裡出現了一條半人多寬的小道，這是他們自己踩出來的。

老道士這時笑道：「世上之事，無非是角度不同，故而心為眼濁，就像你們一樣，明明路在腳下，卻是騎驢找驢。以此說來，為人處世，進退有方，心不為外物所繫，只在於有無之間，如同道路一直在，就看你如何找出這條路。」

人們容易糾結於事物的表象無法自拔，乃至身處世而心有煩憂，涉江湖而不得解脫，一如范仲淹所言，「是進亦憂，退亦憂」，就像那一群背包客，腳下是否真的沒有路？老道士已經做出了回答——「有無」其實就是尋找這條路的方法，其實任何東西都可以相互轉化，荊棘可以成坦途，路始終都在，關鍵在於我們的視角和方法。

一名和尚去化齋，幾天下來，所得甚少。

和尚帶著滿心怨氣回到寺廟，向師父述說自己的心情。

看著和尚空空的缽，師父呵呵一笑，繼而說道：「你就為這個不滿嗎？」

「這些俗人，要做法事才會殷勤招待我們，而平時我們去化齋，卻是冷眼相待。」和尚氣憤地回道。

「施主奉齋於我們，不求功德，不求回報，出家人是為無心所求，有則坦然，無也坦然，不要在意財物的多少，而是要在意我們出家之人能給予多少惠德。」師父說。

和尚聽聞此言，恍然開悟。

出家人化齋而無求所得，是超越了許多假相和局限，因為他不是為了得到錢財而去化齋，而是為了遇到有緣之人。遇到有緣之人即是「作意」，也就是有為之法。秉持此心，一切自會水到渠成。有為、無為的分別在於我能為別人做什麼，而不是別人於我能有何種方便。有則坦然，無也坦然。

所謂「有無之間」並不是什麼玄妙的哲理，而是在現代社會生存發展下去的必要之理。這無疑是一種人生意境。這種人生意境好比是於「楊柳岸，曉風殘月」之時欣賞「大江東去」的氣魄，靜聽小橋流水的潺湲，觀看夕陽沉落的壯美，在生命的每一個情境之間陶冶性情。

做人應該像水一樣，能屈能伸

生活中每一件事物其實都有禪理，只是疲於奔波的眾生，早已喪失了探討究竟的興趣和能力。佛家所言，今天的我們已不再是昨天的我們。為了在今天取得進步，就必須放下昨天的自己，想要領略大自然的秀美風光，就要離開喧囂熱鬧的都市，想要獲得如陽光般明媚開朗的心情，就要驅散昨日煩惱留下的陰霾。

放得下是為了包容與進步，放下對個人意見的執著才能包容，放下今日舊念的執著才會進步。表面看來，放下似乎意味著失去，意味著退讓。其實在很多情況下，退步其實是一種積極的態度，是一種低調的積蓄。

一位學僧齋飯之餘無事可做，便在禪院裡的石桌上作起畫來。畫中龍爭虎鬥，好不威風，只見龍在雲端盤旋將下，虎踞山頭作勢欲撲。但學僧描來抹去幾番修改，卻仍是氣勢有餘而動感不足。正好無德禪師從外面回來，見到學僧執筆前思後想，最後還是舉棋不定，周圍還有幾名弟子在旁邊指指點點，於是走上前去觀看。

學僧看到無德禪師前來，便請禪師點評。

禪師看後說道：「龍和虎外形不錯，但其秉性表現不足。要知道，龍在攻擊之前，頭必向後退縮；虎要上前撲時，頭必向下壓低。龍頭向後曲度越大，就能衝得越快；虎頭距離地面越近，就能跳得越高。」

學僧聽後非常佩服禪師的見解，於是說道：「老師真是慧眼獨具，我把龍頭畫得太靠前，虎頭也抬得太高，怪不得總覺得動態不足。」

無德禪師藉機開示：「為人處世，亦如同參禪的道理。退卻一步，才能衝得更遠；謙卑反省，才會爬得更高。」

一位學僧有些不解，問道：「老師！退步的人怎麼可能向前？謙卑的人怎麼可能爬得更高？」

無德禪師嚴肅地對他說：「你們且聽我的詩偈：手把青秧插滿田，低頭便見水中天；身心清淨方為道，退步原來是向前。你們聽懂了嗎？」學僧們聞言，皆點頭，似有所悟。

無德禪師此刻在弟子們心中插滿了青秧，不知弟子們看見了秧田的水中天否？進是前，退亦是前，何處不是前？無德禪師以插秧為喻，向弟子們揭示了進退之間並沒有本質的區別。做人如水，能屈能伸，既能在萬丈崖壁上揮毫潑墨，好似銀河落九天，又能在幽靜山林中蜿蜒流淌，自在清泉石上流。

佛陀在世時，受到世人敬仰與稱讚。有一個人對佛陀頗為不服，終日咒罵。有一天索性跑到了佛陀面前，當著他的面破口大罵。

面對這個人不堪入耳的言詞，佛陀始終沉默相對，甚至面帶微笑。

終於，這個人罵累了。他既暴躁又不解，不知道佛陀為何不開口說話。

佛陀似乎看到了他心中的困惑，對他說：「假如有人想送給你一件禮物，而你不喜歡，也並不想接受，那麼這件禮物現在是屬於誰的呢？」

這個人不明白佛陀的意思，略一思量，回答道：「當然還是要送禮物的這個人的了。」

佛陀笑著點頭，繼續問他：「剛才你一直在用惡毒的語言咒罵我，假如我不接受你的這些贈言，那麼，這些話是屬於誰的呢？」

這個人聞言一時語塞，方才醒悟到自己的錯誤，於是他低下頭，誠懇地向佛陀道歉，並為自己的無禮而懺悔。

退一步，海闊天空。這並不是一句空話，佛陀並未因為他人對自己的無禮而氣憤，反而沉默相對，看起來似乎是步步後退，直到這個人心生困惑時，祂願意耐心地予以開示。他人步步緊逼，佛陀始終淡然處之。有退有進，以退為進，繞指柔化百煉鋼，也是人生的大境界。

內心平靜，生活便沒有紛擾

一名青年苦於現實生活的鬱悶、惆悵，情緒非常低迷，便到廟裡走一走。

到了寺院，見寺廟裡香客不斷，檀香馥郁。再看香客們的臉，一張張寫滿坦然、安詳、幸福。這個景象讓他有些迷惑：「莫非佛門真乃淨地，果真能淨化眾生的心靈？」

他流連寺院中，見一位在枯樹下潛心打坐的佛門老者，那入迷之態止住了他的腳步。走近細看，老者面露慈祥，卻心納天下的表情強烈地震撼了他——原來一個人能超然物外地活著，是多麼美好！

他悄然坐在老者身邊，請求老者開示。他向老者訴說心中的苦痛，然後問：「為什麼現代人之間鉤心鬥角，紛爭不已？」

老者拈鬚而笑，鏗鏘而悠長地說：「我送你一句佛語吧。」老者一字一頓，說的是：「愛出者愛返，福往者福來！」青年幡然醒悟！——聽佛門一偈語，勝讀十年書啊！如果芸芸眾生都能明白這個道理，這個世界豈不成了人間淨土，又何來那麼多的失意、憂煩、痛苦！

叔本華說：「最大的快樂源泉是自己的心靈。」的確如此，獲取快樂，回歸平和的心境沒有什麼祕方，我們缺少的正是我們最需要的——平常心。生活並不總是一帆風順，也正因為如此，我們的生活才有滋有味，才多姿多采。保持一顆平常心最為重要。讓我們練就不以物喜，不以己悲，臨危不懼，泰然處之的態度，在平淡中給自己一個動力；在昂揚中留給自己一份淡泊；在匆忙中懂得適時地釋放心靈；在喧鬧中為自己尋求一份寧靜。

一名書生口中背誦著詩詞，搖著腦袋，走在滿是塵土的路上，一臉愜意的模樣。

這名書生已經離家一年多，他原先是進京趕考的，在考場失利，名落孫山之後，他心情黯淡地度過了幾個月的黑色時光，整日借酒消愁，以淚洗面。

兩個月前，他和幾個朋友共遊蘭若寺，與一禪師相談。書生道出了心中的苦悶。

禪師聽了書生的煩惱，說道：「昨天早上與你說話的第一個人是誰？」

書生回答：「已經忘了。」

禪師說：「明天你會遇到什麼人？」

書生說：「這個我哪裡知道，明天還沒來。」

禪師說：「此時此刻，你面前有誰？」

書生愣了一下，說：「我面前當然是禪師您啊！」

禪師輕輕點頭，說道：「昨天之事已忘卻，明日之事尚未來，能把握的唯在此刻。施主又何必對過去之事耿耿於懷，因為明天不可知，昨日已過去，不如放下掛念，平淡對應。你並沒有失去什麼，不過是重新開始。」

書生瞪大雙眼，等著禪師繼續說下去，他似乎聽懂了禪師話中的意思。

禪師說道：「既然又是新的開始，又何來執著於以前？如潺潺溪水，偶被沙石所阻，但其終究萬里波濤始於點滴。施主您可明白了？」

書生微笑著點點頭。此刻的他，已經有了新的打算。在京城辦完了一些事情後，這名書生告別朋友，踏上了回家的路途。他決定三年之後，還要再考一次。

常人說，我們害怕失敗，是因為我們想得太多。想得太多是因為情緒太盛。這名書生考場失敗後，人生頓覺頹唐，也是同樣的道理。好在他及時醒悟——心境歸於平淡，目標得以重新確立。在書生身上，我們看到的並不是放棄後的心如槁木死灰，而是再度追逐後的豁然。因為這種豁然，我們不再對過去的遺憾耿耿於懷，不再對未知的將來躊躇不前，而是把心落在了此時此刻的禪師面前。

這個「禪師」就是我們現在需要做的事，以及將其做好的心。從這個角度來說，平淡生活倒不一定是平靜無波，因為我們的內心總有激情，只不過這份激情是以一種更實在的方式表現出來，正因如此，在生活的節奏一如既往地向前推進時，我們才能風吹而不動，地動而不陷。

心安人靜，卻依然能做出大事來，是因為有自己獨特的人生觀，不媚俗，懂追求，不以世俗的觀念影響自己的選擇。聖人以東為東，以西為西，就是把原本簡單的看成簡單，原本複雜的做成簡單的。而世人之所以活得勞累，其根本在於將簡單的事情想得複雜，做得複雜，從而自我設限，以至於平淡生活最終成了平庸生活。

平平淡淡才是真實

一對相識半世紀的老夫婦，是在一九六七年元月初次見面。

當時全國一片混亂。那時候，五穀雜糧店裡的米，副食店裡的肉、豆腐，百貨店裡的肥皂、布匹以及煤鋪裡的煤炭等生活物資均需憑票供應，普通人家的生活清苦至極。男方的家在城郊的小菜園裡，用現在的話來說，那裡是當地的蔬菜基地。

女孩第一次到男方家拜訪時，男方留她和媒婆吃午飯。菜色很簡單，只有兩道：幾個荷包蛋外加一碗蘿蔔絲。其中，那幾個雞蛋是向鄰居借的，蘿蔔則是自己種的。

在回家的路上，媒婆說男方人窮又小氣，勸女孩不要嫁過來。女孩卻說男方煮的蘿蔔絲很好吃，說明他很能幹。

過了一段時間，當女孩再次來找男孩時。男孩剛好捉了一些鯽魚。招待女孩的菜仍然只有兩道，除了油煎鯽魚外，還有一碗紅燒蘿蔔。

吃飯時，女孩稱讚男孩的蘿蔔做得很有特色，並說自己很喜歡吃蘿蔔。

男孩說：「是嗎?妳下次來，我請妳吃另一種口味的蘿蔔。」

在後來的交往中，女孩嘗盡了男孩烹調的各種口味蘿蔔：清炒蘿蔔、清燉蘿蔔、白燜蘿蔔、糖醋蘿蔔、麻辣蘿蔔、蘿蔔乾和醃漬蘿蔔等。

再後來，女孩就成了這些蘿蔔的俘虜，嫁給了男孩。

當有人問老太太，當初為何不嫁給那些有條件煮肉、燉鴿、殺雞、燒魚的男人，卻嫁給只會烹飪蘿蔔的人時，老太太說：「當時我認為，一個男人，在那種清貧的日子裡竟能夠把一種普通的蘿蔔烹調出甜酸苦辣鹹等幾種不同的味道，實在令我大飽口福、彌久難忘。我覺得，他是個能將清貧日子過得有滋有味的人。論及婚嫁，既要注重眼前，更要注重將來。如今我和他結婚已經五十年了，你看我們吵過幾次架？更不會動不動就鬧離婚。日子雖然過得平淡了一點，但平淡中更能見真情！」

老太太說得不錯，在我們的日常生活中，越是具有平常心的人，越能幸福。而那些整日斤斤計較、患得患失的人只會有著無窮的苦惱。做人應有一顆平常心。有時候，一頓簡單的晚餐，一句簡單的問候，一張簡單的卡片，或者一首簡單而又甜美的小詩，就能夠滿足我們，讓我們感受到生活的幸福。

生活不需要奢華，擁有一顆平常心就可以恰到好處地詮釋幸福。平常心貴在平常，波瀾不驚，生死無畏，於無聲處聽驚雷。平常心是一種超脫眼前得失的清靜心、光明心。安貧樂富，富亦有道。無論處於何種環境下，都能擁有平常心的人，一定是個了不起的人。只要我們努力，就能夠以平常心對待紛雜的世事和漫長的人生，並跨越人生的障礙。

平常心，看似平常，實則不平常。當你用一顆平常心去對待生活時，你會發現：真情，就在身邊。平常心是理解、寬容、忍讓的心。多一分理解和關愛，世界就多一分真善美。

CHAPTER 03

與自己的靈魂對話

生命修練的都市身心靈課

人生中愛情、友誼、希望等所鑄就的快樂遠非虛名浮利可比，它們是對生命本身最好的注解。越是自然的東西，就越是屬於生命的本質，也越能牽動至深的情感。不嬌柔的生命能煥發新的生機，不計得失的生命能承擔更多的責任，而放下不該有的欲求的生命則能永享快意的人生。它給予我們以雄壯的姿態，而不是臨終時我們徒剩如此的悔歎：「我只是使用了生命，而不曾享受生命！」

不以物喜，不以己悲，保持平常心

三伏天，禪院的草地枯黃了一大片。

「快撒點種子吧！好難看哪！」小和尚說。

「等天涼了再說。」師父揮揮手，說道：「隨時！」

中秋，師父買了一包草種子，叫小和尚去播種。

小和尚播種時，秋風起，種子邊撒邊飄。

「不好了！好多種子都被風吹飛了。」小和尚喊著。

「沒關係，吹走的多半是空的，撒下去也發不了芽。」師父說。「隨性！」

撒完種子，只見幾隻小鳥飛來啄食。

「要命了！種子都被鳥吃了！」小和尚急得跳腳。

「沒關係！種子多，吃不完！」師父說。「隨遇！」

半夜一陣驟雨，小和尚早晨衝進禪房，喊道：「師父！這下真完了！好多種子被雨水沖走了！」

「沖到哪兒，就在哪兒發芽！」師父說。「隨緣！」

一個星期過去。原本光禿禿的地面，居然長出許多青翠的草苗。一些原來沒播種的角落，也泛出了綠意。小和尚高興得直拍手。師父點頭說道：「隨喜！」

這個故事告訴我們，生命中的許多東西都是可遇不可求的，那些刻意強求的東西或許我們一輩子都得不到，而不曾被期待的東西往往會在我們的淡泊從容中不期而至，因為生命是偶然和必然的機緣，也是內心的自由體現。生命放達，內心自由，首先就要擁有一顆純淨的心，隨風如白雲般漂泊，安閒自在，任意舒卷，隨時隨地，隨心而安。「隨」不是跟隨，而是順其自然，不怨怒，不躁進，不過度，不強求，不慌亂，不忘形。不以物喜，不以己悲。

一日，長沙景岑禪師到山上去散步，回來的時候碰到了住持長老。

住持問他：「你今天去了哪裡？」

長沙景岑禪師說：「我到山上去散步了。」

住持追問：「去哪裡了？」

長沙景岑禪師：「始隨芳草去，又逐落花回。」

長沙禪師所懷抱的心境是一片和風煦日，沒有狂風暴雨。禪師所體驗的世界是一片光天化日，沒有黑暗罪惡。意思並不是說，這個世界沒有狂風暴雨和黑暗罪惡，而是他的心不受外在環境影響，永遠安詳、穩定、慈悲、寧靜，且光明磊落。所以，無論他面對什麼樣的世界，他的心境始終自在安閒。

「人生不滿百，常懷千年憂」，過多的執著造成過多的苦惱，執著於其中不能自拔的人又怎麼了解禪者的自有境界呢？心境坦然，悠然無滯，眼前自然是海闊天空，到處都會是盎然的芳草，遍地都是繽紛的落花，徜徉其中，天高雲淡，鳥語花香，神奇的造物，悠然的心靈，一切如詩話般和諧動人。

有所背負，反而能夠走得更遠

有人說，世界上只有兩種動物能到達金字塔頂。一種是老鷹，另一種是蝸牛。鷹矯健、敏捷、銳利；蝸牛小巧、緩慢、笨重。老鷹有一對飛翔的翅膀，蝸牛揹著一個厚重的殼。與老鷹不同，蝸牛到達金字塔頂，主觀上是倚賴牠永不停息的執著精神，客觀上則應歸功於牠厚厚的殼。蝸牛的殼，非常堅硬，是牠的保護盔甲。

據說，有一次，一個人看見蝸牛頂著厚重的殼緩慢爬行，就好心地替牠去掉殼，讓牠輕裝上陣，結果，蝸牛很快就死了。正是這看上去又粗又笨、有些負重的殼，讓小小的蝸牛得以萬里長征，到達金字塔頂。有時，有所背負，反而能夠走得更長久。

志在聖賢的人們，不是老鷹反而是那蝸牛，始終戒慎畏懼，有所承載，內心隨時隨地存在著濟世救人的責任感，而沉重的責任感正是他不躁進、不畏懼的保護殼，可以遊刃有餘地做到功在天下、萬民載德，繼而得到榮光無限的美譽。

道家老子的哲學，看透了「重為輕根，靜為躁君」和「禍者福之所倚，福者禍之所伏」這種物極必反的法則，所以才提出「雖有榮觀，燕處超然」的告誡。

雖然處在「榮觀」之中，仍然恬淡虛無，不改原本的素樸；雖然燕然安處於榮華富貴之中，依然超然物外，不以功名富貴而累其心。唯大英雄能本色，是真名士自風流。因為大英雄是最流露本色的，行為上往往不是出人意表，而是再自然不過，就好像一個絕頂聰明的人，外表非常笨拙一樣。保持平凡質樸，還原真本色，才是真正的大人物。然而能夠到此境界的人卻非常少，大多數人總以草芥輕身而失天下。

有兩個空布袋希望能夠靠自己站起來，便一同去請教上帝。

上帝對它們說：「要想站起來，有兩種方法，一種是得自己肚裡有東西；另一種是讓別人看上你，一手把你提起來。」

於是，一個空布袋選擇了第一種方法，高高興興地往袋裡裝東西，等袋裡的東西快裝滿時，袋子穩穩當當地站了起來。

另一個空布袋想，往袋裡裝東西多辛苦！還不如等人把自己提起來，於是它舒舒服服地躺了下來，等著有人看上它。它等啊等啊，終於有一個人在它身邊停了下來。那人彎了一下腰，用手把空布袋提起來。空布袋興奮極了，心想，我終於可以輕輕鬆鬆地站起來了。

這人打開布袋，看了一下，發現裡面什麼東西也沒有，便毫不猶豫地把它扔了。

人的生命價值，在於其身存於塵世，能夠志在天下，建豐功偉業，因為這樣的人身有所存。有了能夠施展作為的身體的存在，人就更應該戒慎恐懼，不可飄飄忽忽，自以為然，如此才可燕然自處而游心於物欲以外。

普通人雖然不求謀天下大眾之利、立大功大業，但仍需要淡看自己的能耐，不要迷於絢爛，不要過分執著，要平淡才是真英雄。環顧古今中外，最成功的人其實是老實人。

只爭朝夕，保持不竭的活力

有一天，如來佛祖把弟子們叫到法堂前，問道：「你們說說，你們天天托缽乞食，究竟是為了什麼？」

「世尊，這是為了滋養身體，保全生命啊！」弟子們不假思索地說。

「那麼，肉體生命到底能維持多久？」佛祖接著問。

「有情眾生的生命平均起來大約有幾十年吧！」一名弟子迫不及待地回答。

「你並沒有明白生命的真相到底是什麼。」佛祖聽後搖了搖頭。

另外一名弟子想了想，說：「人的生命在春夏秋冬之間，春夏萌發，秋冬凋零。」

佛祖還是笑著搖了搖頭：「你覺察到了生命的短暫，但只是看到生命的表象而已。」

「世尊，我想起來了，人的生命在於飲食間，所以才要托缽乞食呀！」又一名弟子欣喜地答道。

「不對，不對。人活著不只是為了乞食呀！」佛祖再度加以否定。

弟子們面面相覷，一臉茫然，思索著答案。

這時一名負責燒火的小弟子怯生生地說道：「依我看，人的生命恐怕是在一呼一吸之間吧！」

佛祖連連點頭微笑。「對了！對了！人的生命在於呼吸間。你體會到了人的生命的真諦。這一呼一吸就是人的生命。所以你們大家要只爭朝夕地修道，不可放鬆啊！」

這則故事中，每一名弟子的回答，反映了人性的各個面向。人是惜命的，希望生命能夠長久，才會有那麼多的帝王將相苦練長生之道，卻無法改變生命是短暫的這一事實；人是有貪欲的又是有惰性的，才會有那麼多「鳥為食亡」的悲劇發生；而人又是爭上游的，所以才會有那麼多的「只爭朝夕」，從不鬆懈。

有一天，沼澤向身旁淙淙流淌奔流而過的河流問道：「你整天川流不息，一定累得要命吧？你一會兒揹著沉重的大船，一會兒負著長長的水筏，在我眼前奔流而過。小船小筏更不用說了，它們多得沒有個窮盡。你什麼時候才能拋棄這種無聊的生活呢？像我這樣安安逸逸的生活，你找得到嗎？我是一個幸福的閒人，舒舒服服、悠悠閒閒地蕩漾在柔和的泥岸之間，好比高貴的太太們窩在沙發的靠枕裡一樣。大船小船也罷，漂來的木頭也罷，我這兒可沒有這些無謂的紛擾，至多偶爾有幾片落葉漂浮在我的胸膛上，那是微風把它們送來和我一起休息的。一切風暴有樹林擋住，一切煩惱我也沾染不上，我的命運是再好不過的了。周圍的塵世不斷地忙忙碌碌，我卻躺在哲學的夢裡養神休息。」

「哲學家，你既然懂得道理，可別忘了這條法則。」河流回答。「水只有流動才能保持新鮮，我成了偉大壯闊的河流，就是因為我不躺在那兒做夢，而是按照這個法則川流不息。結果呢，源源不絕的水，又多又清的水，年復一年地給人們帶來了幸福，因而贏得了光榮的名譽，或許我還要世世代代地川流不息下去。那時候，你的名字就不會有人知道了。」

多年以後，河流的話果然應驗了。壯麗的河仍舊川流不息，沼澤卻一年淺似一年。沼澤的表面浮著一層黏液，蘆葦生出來了，而且生長得很快，沼澤終於乾涸了。

奔騰不息的流水才能夠永保生命的新鮮與活力。同樣，人也只有在不斷進取的狀態下，才能永保生命的活力。既然生命不息，就應該不斷進取，超越自我。對於積極進取的學子來說，每天都是一個嶄新的起點。

自知之明是一種完美的底線

有些人，在順境中，自負自大，不可一世，一旦遭遇挫折，便會覺得荊棘滿地而一蹶不振。這些人其實是缺少自知之明，不清楚自己的缺點，也不知道自己的實力。所以，人要有自知之明，量力而為，才不會力不從心。

人貴有自知之明，但自知的獲得，又談何容易？只有經歷暴風驟雨的洗禮，雪壓霜欺的磨礪，在無數次地跌倒中爬起，才能夠找到真實的自我，才能夠正確面對自己的對與錯、美與醜、善與惡，從內心做到不怨天尤人，真正認識到自己的能力，再藉由不斷修補與完善，向更加完美的人生靠近。可見，自知之明的「貴」字來得何其不易！有自知之明，才能給在深淺之間權宜做人。無論我們做什麼，雖然要盡力而為，但也要量力而行。因為一個人無論怎麼強大，在能力上都會有一個底線。

在一座深山中藏著一座千年古剎，有一位高僧隱居在此。人們聽到他的名聲，都不遠千里來找他，有的人想向大師求解人生迷津，有的人想向大師討一些武功祕笈。他們到達深山的時候，發現大師正從山谷裡挑水。他挑得不多，兩隻木桶都沒有裝滿。按他們的想像，大師應該能夠挑很大的桶，而且挑得滿滿的。

他們不解地問：「大師，這是什麼道理？」

大師說：「挑水之道並不在於挑多，而在於挑得夠用。一味貪多，適得其反。」

眾人越發不解。大師從眾人之中拉了一個人，請他走到山谷裡打兩桶滿滿的水。

這人挑得非常吃力，搖搖晃晃，沒走幾步，就跌倒在地，水全都灑了，自己的膝蓋也磨破了皮。

「水灑了，豈不是還得回頭重打一桶嗎？膝蓋受傷了，走路艱難，豈不是比剛才挑得更少嗎？」大師說。

「那麼大師，請問我應該挑多少水，怎麼估計呢？」

大師笑道：「你們看這個桶。」

眾人仔細往桶裡一看，發現內部畫了一條線。

大師說：「這條線是底線，水絕對不能高於這條線，高於這條線就超過了自己的能力和需要。起初還需要畫一條線，挑的次數多了，就不用看那條線了，憑感覺就知道是多是少。有這條線，可以提醒我們，凡事要盡力而為，也要量力而行。」

眾人又問：「那麼，底線應該定多低呢？」

大師又言：「一般來說，越低越好，因為低的目標容易實現，人的勇氣不容易受到挫傷，而且會激發出更大的興趣和熱情，長此以往，循序漸進，自然會挑得更多、挑得更穩。」

無論是大師，還是普通人，在能力上都會有一個底線。如果超過了這個底線，去做力不能及的事，那麼再強健的人也會摔跤。「自以為知道」與「真正自知」是不同的，「自以為了解自己」是大多數人容易犯的毛病，「真正了解自己」是少數人擁有的明智。人生如秤，對自己的評價秤得輕了，容易自卑；秤重了又容易自大；只有秤準了，才能實事求是、恰如其分地感知自我，完善自我。自知無知才求知，自知無畏才拚搏。好說己長便是短，自知己短便是長。自知度越高，求知欲越強。學然後知不足，知然後更求知。掌握的東西越多，越感到自己學識的短淺，知無止境學無涯。因此，有人說自知之明是比才能更罕見、更優美、更珍奇的東西，它總是在無邊的黑夜中熠熠生光，為行人指引正確的方向。

內心安寧，要先正視人世的脆弱

佛教說人生有八苦：「生、老、病、死、怨憎會、愛別離、求不得、五蘊盛。」世間一切無常而人卻偏偏追求永恆，緣起緣滅而欲望不熄，美麗總是如一現的曇花，這樣的規律與行相悖，人就朝著已經偏離的方向越走越遠，苦苦掙扎不得解脫。

一位官員官運亨通，可謂平步青雲。平日裡，他的部下對他畢恭畢敬，想要借助他的權力謀取私利的人自然對他也是阿諛奉承。

一次，他到某地去視察。當他在眾人的簇擁下來到某個寺廟的時候，見到一位鶴髮童顏、精神矍鑠的老禪師，問道：「大師久居寺廟、生活清苦，如何守得住清貧與寂寞？」

禪師笑道：「能看到眾生百態、品味不同人生，充實而豐富，並不覺得清貧、寂寞。倒是您，可能會常常感到寂寞。」

官員非常不解，問道：「我身居要職，每天要接見很多人、處理很多事情。所到之處莫不是前呼後擁，怎會寂寞？」

禪師解釋道：「你周圍的人莫不覬覦你的權力與地位，聽到的話語大多是虛假的。試問能有幾個人是真正能夠與你進行心的交流？因此你很難觸摸到真實的自己。」

事實又何嘗不是如此。宦海沉浮，當人們一心被功名利祿驅動時，充斥內心的是無窮的欲望，根本無法以一顆平常心來面對生活。

職場中的人又何嘗不是？學校裡，社會中，甚至在一個家庭裡，有誰能夠擺脫苦痛的糾纏？常言說「人在江湖，身不由己」，外在的「江湖」這個環境與內在的「己」的不自由共同束縛了人的心性，既帶來了身體髮膚的疼痛，也帶來了無窮無盡的煩惱。

佛陀認為，拯救世人的心比拯救世人的肉體更為重要。一切皆由心生，每個人在自己的心裡勾畫著自己對菩薩道的追求或者對俗世欲望的渴求。一念天堂，一念地獄。所以，苦也從心而生。

其實當我們真正參透了因果循環，了悟了生之大義，能夠保持一顆平常心，就一定能夠坦然面對人生的挫折，度過生活的困境。

有一名青年總是哀歎自己命運不濟，生活多舛，既發不了財也求不到一官半職，終日愁眉不展。

一天，他在路上偶遇了一個老和尚，看到老和尚一臉的平靜祥和，不由得歎了口氣。老和尚攔住青年，問他為何歎氣。

青年說：「我看到你開心的樣子覺得很羡慕。為什麼我總是這麼多的煩惱？為何我既沒有一技之長，偏偏又一貧如洗？」

老和尚說：「年輕人，你明明很富有啊！」

青年問：「富有？我除了煩惱，什麼也沒有。」

老和尚沒有急著解釋，只是繼續問他：「那麼，假如有人給你一千兩銀子，換你十年的壽命，你換嗎？」

「當然不換！」年輕人說。

「給你五千兩銀子，換你的健康，你換嗎？」

「還是不換！」

「給你一萬兩銀子，換你的生命，你換嗎？」

「不換！」

老和尚頓時笑了：「年輕人，到現在為止你至少擁有一萬六千兩銀子了，難道還不夠富有嗎？」

所以，不要感歎命運不公，不要埋怨生而受苦，凡事只要換一個角度，只要保持一種正確的心態，人就能夠找到自己準確的定位，從而創造無窮的價值，苦，也就不完全是苦澀的了，也許還能從中品嘗出另一種甜蜜。

為人生下一個鮮明定義

「吃飯是為了活著，但活著絕不是為了吃飯。」這句話告訴我們：人生需要一個鮮明的意義。有的人追求愛情，為愛情百折不回、無怨無悔；有的人追求金錢，為金錢殫精竭慮、夙興夜寐；有的人追求友情，為朋友兩肋插刀、赴湯蹈火；有的人追求名譽，為名譽立身持正、兩袖清風……

人生在世，都有自己的追求，追求的本身便是自己給自己設立的人生意義。倘若沒有追求、沒有渴望，人生就沒有意義。

子曰：「不曰『如之何，如之何』者，吾未如之何也已矣！」

南懷瑾先生認為，孔子的意思是：一個不說「怎麼辦？怎麼辦」的人，我真不曉得他該怎麼辦了。對任何事情，都不思索，不懂得提出疑問，只是糊裡糊塗地過，做一天和尚，撞一天鐘，這樣的人生連聖人都不知該怎麼辦了。

在一所很有名望的大學裡，著名作家畢淑敏正在演講。從她演講一開始，就有人不斷地傳遞紙條上來。紙條上提得最多的問題是——「人生有什麼意義？請你務必說實話，因為我們已經聽過太多言不由衷的假話了。」

她當眾把紙條上內容唸了出來，唸完紙條內容以後，臺下響起了掌聲。

她說：「你們今天提出的問題很好，我會講真話。我在西藏阿里地區的雪山之上，面對著浩瀚的蒼穹和壁立的冰川，如同一個茹毛飲血的原始人，反覆地思索過這個問題。我相信，一個人在他年輕的時候是會無數次地叩問自己：『我的一生，到底要追索怎樣的意義？』我想了無數個晚上和白天，終於得到了一個答案。今天，在這裡，我將非常負責地對你們說，我思索的結果是：人生是沒有任何意義的！」

這句話說完，全場出現了短暫的寂靜，如同曠野。但是，緊接著就響起了暴風雨般的掌聲。這可能是畢淑敏在演講中獲得的最熱烈掌聲。在以前，她從來不相信有什麼「暴風雨」般的掌聲這種話，覺得那只是一個拙劣的比喻。但這一次，她相信了。她趕快用手做了一個「暫停」的手勢，但掌聲還是延續了很長時間。

她接著又說：「大家先不要忙著給我鼓掌，我的話還沒有說完。我說人生是沒有意義的，這沒有錯。但是，我們每一個人要為自己確立一個意義！是的，關於人生意義的討論，充斥在我們的周圍。很多說法，由於熟悉和重複，已讓我們從熟視無睹掉入了厭煩的局面，可是這不是問題的真諦。真諦是，別人強加給你的意義，無論它多麼正確，如果它不曾進入你的心裡，它就永遠是身外之物。例如，我們從小就被家長灌輸過人生意義的答案。在此後漫長的歲月裡，諄諄告誡的老師和各種類型的教育，也都不斷地向我們批發人生意義的補充版。但是有多少人把這種外在的框架當成自己內在的標竿，並為之下定了奮鬥終生的決心？」

那一天結束講演之後，所有聽演講的同學都有這樣一種感覺，那就是他們覺得最大的收穫，是聽到一個活生生的中年人親口說，人生是沒有意義的，重要的是要由自己為之確立一個意義。

人生需要我們為之確立一個意義。生活若缺少了意義，就缺少了樂趣，一個人就會變得渾渾噩噩，感到空虛和麻木。

給人生一個鮮明的意義。這個意義，要經得起時間的考驗，隨著時間的流逝，你不會為之感到後悔；這個意義，能趕走生命的頹廢和空虛，帶來愉快和欣喜；這個意義，能永遠璀璨、不會變質，值得為之捨棄很多其他東西。一般來說，這個意義若要無悔，必定與感情有關、金錢無關。人生的意義，必須包含一些精神上的寄託，如此才能感到生命無悔。

輕裝上陣，此刻便是新的開始

一名流浪漢在看不見盡頭的路上長途跋涉著。他揹著一大袋沉重的沙子，一根裝滿水的壺子纏在他身上，兩隻手分別拿著兩塊大石頭，脖子上用一根舊繩子吊著一塊大磨盤，腳腕上繫著一條生銹的鐵鍊，鐵鍊上拴著大鐵球，頭上還頂著一個已腐爛發臭的大南瓜。這個流浪漢一步一挪，吃力地走著，每走一步，腳上的鐵鍊就發出嘩嘩的響聲。他呻吟著，他抱怨他的命運如此艱難，他抱怨疲倦在不停地折磨著他。

正當他頭頂烈日艱難前行時，迎面走過來一位農夫。農夫問：「喂，疲倦的流浪人，為什麼你自己不將手裡的石頭扔掉呢？」

「我真蠢，」流浪漢明白了。「我以前怎麼沒想到呢？」他拋掉了石頭，覺得輕了許多。

不久，他在路上又遇到一位少年。少年問他：「告訴我，疲倦的流浪漢，你為什麼不把頭上的爛南瓜扔了呢?你為什麼要拖著那麼重的鐵鍊子和鐵球呢？」

流浪漢答道：「我很高興你提醒了我，我沒意識到自己在做什麼。」他解開腳上的鐵鍊，把頭上的爛南瓜扔到路邊摔得稀爛。他又覺得輕快了許多。但當他繼續往前走，他又感到了步履的艱難。

後來，有一位老人從田裡走來，見到流浪漢十分驚異：「啊，我的孩子，你扛了一袋沙子，可一路上有的是沙子；你帶了一根大水管，可你瞧，路旁就有一條清亮的小溪，它已伴隨著你走了很長一段了。」

聽到這些話，流浪漢解下了大水管，倒掉了裡面已經變了味的水，然後把口袋裡的沙子倒進一個洞裡。突然他看到了脖子上掛著的磨盤，意識到正是這東西使他不能直起腰來走路。於是他解下磨盤，把它用力地扔進河裡。他卸掉了所有負擔，在傍晚涼爽的微風中，尋找住宿之處。此時，他覺得自己的腳步輕鬆而愉悅，比原來快樂許多。原來，生命是沒有必要如此沉重的。

生命之舟需要輕載。生活本身就是一份責任和承擔，是絕不輕鬆的，如果再加上額外不必要的心理負擔，壓力就會更大了。因此，我們應當學會放下心理負擔的包袱，輕鬆簡單地面對自己的生活。

人們常常為自己增添很多無形的包袱：昨天發生的事情，要及時的總結經驗，並且從中吸取教訓，不到萬不得已，一定不能忘記曾經發生過的痛苦的和悲傷的往事；明天還沒有到來，會發生什麼，都是無法預料的，我們需要做準備……總是害怕不夠，總是在準備，我們就是用這樣的鎖鏈鎖住了幸福，給自己的生命增添了太多的負擔。

每一天的生活都是一個新的開始，所以每一天都應該輕裝上陣，唯有如此，我們才能感受到生活的快樂和愜意。

每天給自己一個希望

給自己一個希望，並不難。我們每個人都有自己的夢想，都有自己希望達到的目標。然而，我們很多人在追求目標的過程中，最初都是熱情高漲，之後會因為種種原因，感到目標如此的渺茫，中途放棄。很少有人能夠時時堅持給自己一個希望。希望能夠讓自己能夠化解各種艱難險阻，遇到再大的困難、再大的阻力，也要堅持下去。正因為如此，成功才會屬於少數人。

一位著名的電視節目主持人，邀請了一位老人做他的節目特別嘉賓。這位老人的確不同凡響。他講話的內容完全是毫無準備的，當然絕對沒有預演過。但他的言談將他自己映襯得魅力四射，無論他什麼時候說什麼話，聽起來總是格外貼切，毫不做作，觀眾聽著他詼諧的話語都笑彎了腰。主持人也顯然對這位幸福快樂的老人印象極佳，像觀眾一樣享受著老人帶來的快樂。

最後，主持人禁不住詢問這位老人：「您這麼快樂，一定有什麼特別的快樂祕訣吧！」

老人回答道：「我沒有什麼了不起的祕訣。我快樂的原因非常簡單，每天當我起床的時候我有兩個選擇——快樂和不快樂，不管快樂與否，時間仍然會不停地流逝，我當然會選擇快樂。如果要祕訣的話，這就是我快樂的祕訣。」

老人的解釋聽起來似乎過於簡略，但是他的話卻包含著深刻的道理。林肯曾經說過：「人們的快樂不過就和他們的決定一樣罷了。」你可以不快樂，如果你想要不快樂。你可以告訴自己所有的事都不順心，沒有什麼是令人滿意的，這樣，你肯定不快樂。但是，如果你要快樂，就儘管告訴自己：「一切都進展順利，生活過得很好，我選擇快樂。」那麼，你的選擇就會變成現實。

「即使到了我生命的最後一天，我也要像太陽一樣，總是面對著事物光明的一面。」詩人胡德說。

聽從內心的召喚，勇敢做喜歡的那個自己

強大的凝聚力與美好心靈如影隨形，一個人只要具有一顆質樸而美麗的心靈，他必然具有強大的人格魅力，這種影響力會像影子一樣，一生追隨著他。

世界上有兩種人，一種人像水一樣，隨著地勢的起伏改變著自己的形態，另一種人則像水晶，內心晶瑩透徹，但卻銳利堅硬。第一種人只能讓自己隨著世界變化，而第二種人則會讓世界因自己而改變。

有一名六歲的加拿大男孩，曾經用一顆單純的心改變了世界。

他曾被評選為「北美洲十大少年英雄」，甚至被人稱為「加拿大的靈魂」，他就是曾經接受過加拿大國家榮譽勳章的瑞恩・希里傑克。

一九九八年，六歲的瑞恩第一次聽說在非洲有很多孩子因為喝不上乾淨的水而死去，於是，為非洲的孩子捐獻一口井成了他的夢想。

那天回到家裡，他向媽媽要七十元加幣時，媽媽告訴他：「你可以透過自己的勞動湊齊這一筆錢，比如打掃房間、清理垃圾，我會給你報酬。」瑞恩遲疑了一下，最終答應了。於

是，他開始透過自己的勞動掙錢。

瑞恩得到的第一個任務是吸地毯，忙了兩個多小時後，他得到了兩塊錢的報酬。

幾天之後，當全家人去看電影時，瑞恩一個人留在家裡擦了兩個小時窗戶，賺到第二個兩塊錢。全家人都以為瑞恩不過是心血來潮，他卻堅持了下來。

四個月後，當瑞恩把辛苦積攢的錢交給有關組織時卻得知，七十元只夠買一個水泵，挖一口井實際需要兩千元加幣。他並沒有放棄，反而更加賣力了，因為他只有一個想法，就是要盡自己的能力讓更多非洲的小朋友喝到水。

漸漸的，大家都知道了瑞恩的這個夢想。於是爺爺雇他去撿松果；暴風雪過後，鄰居們請他去幫忙撿落下的樹枝；瑞恩考試得了好成績，爸爸給了他獎勵；瑞恩從那時起不再買玩具……所有這些錢，都被瑞恩放進了那個存錢的舊餅乾盒裡。

後來，他的故事被媒體報導了，他的名字傳遍了整個國家。一個月後，在他家的郵筒裡出現了一封陌生的來信，裡面有一張三十萬元的支票，還有一張便條：「但願我可以為你和非洲的孩子們做得更多。」如果你以為這是故事的結尾，那就錯了，因為這只是事情的開始。接下來，在不到兩個月的時間裡，又有上千萬元的匯款支持瑞恩的夢想。

二〇〇一年三月，「瑞恩的井」基金會正式成立。瑞恩的夢想成為千萬人參加的一項事業。

事後有人問瑞恩：「你為什麼要這樣做呢？」

瑞恩說：「不為什麼，我只是想讓他們喝到乾淨的水。」

「不為什麼」，一切就是如此簡單，他只是聽從了自己的召喚，並隨著善良靈魂的高歌起舞而已。那一支心靈的舞蹈，卻令整個世界為之傾倒。

心靈純淨的人，往往是精神潛能真正覺醒的人。他們那些美好的夢想和執著的信念具有強大的感召力，所以能四兩撥千斤般創造奇蹟。他們強大的影響力與單純的個人魅力常常形成一種怪異的對比，那天真爛漫的生活和無憂無慮的心態使他們宛若孩童，但思想的感染力和舉手投足間的偉人風範卻令人心生豔羨。

「簡單生活」是一種更加深入、有意識的主張

頭上是萬里無雲的朗朗晴空，手中是沁人心脾的冰鎮啤酒。停在這片光禿禿的灼熱沙漠上的東一輛西一輛旅宿汽車和拖車的門吱吱扭扭地推開了。

「獨身漫遊者」俱樂部的一些成員來到這漫漫荒原，享受一個下午的快樂時光。這數十名俱樂部成員全都是頭髮灰白的老者，而且全都是單身人士。他們聚集在一起開始飲酒、講故事。

這個俱樂部是在西部的高速公路上打發時間的、人數越來越多的退休者大軍中的一支隊伍，斯拉布城是他們的最新休憩地點。他們在臨時搭起的帳篷上空升起美國國旗，國旗在沙漠的疾風中呼啦作響。

伊爾瑪・露絲和她的兩位朋友倚靠在一輛滿是泥土的汽車的尾部。她自豪地說：「我從一九九一年起就成了全職旅遊者。這樣的生活真自由。」他們三個人全都六十多歲了。

霍西・羅思插嘴說：「你會意識到自己根本不需要那些家當，而且一路上你會有許多新發現。」

埃爾伍德・威爾遜問道：「你以為我們會願意整天閒坐著不動嗎？」他喝下一大口啤酒

後說：「絕非如此。」上年紀了，住進退休者之家，日夜守在電視機旁，週日沒完沒了地招待兒女和孫輩，誰願意過這樣的日子？他們所嚮往的是沒有盡頭的公路，尤其是西部那些一流的高速公路。

漫遊在公路上，途中在像斯拉布城這樣的地方宿營的老年人有多少，沒有精確統計過。但是研究這種文化現象的學者相信他們的人數在一百萬以上，而且他們的隊伍還在迅速擴大。現在已經有了專為以公路為家的老年人服務的醫療保險計畫、網址和宿營地。因為提前退休的人增加，因為醫學的進步使更多的老年人健康長壽，也因為現在有了像佛羅里達公寓一樣舒適的新型車輛，所以「以公路為家」變成了一種比較容易適應的生活方式。許多人賣掉房子，把家當存放起來，然後告別自己舊有的生活方式。他們乘坐各式各樣的車輛，冬季穿梭於西部廣袤的沙漠，夏季漫遊於太平洋西北沿岸茂密的森林。然後繼續轉動方向盤，開始新的遊歷。

有些人在公路上生活得太久了，以至於對其他生活方式都不能接受了。退休護士佩吉・韋布自五年前和她那退役的丈夫賣掉房子起，就一直駕車漫遊。一天早上，她一邊在畫板上練習繪畫，一邊說：「我從未想到我會有這樣的勇氣。但是，我們的孩子都長大成人了。我們住在空空蕩蕩的房子裡，不知該做什麼。於是我們便上路了。現在我認為我永遠不會再像以前那樣生活了。」

也許，這種生活方式算得上是最徹頭徹尾的「簡單生活」了。人們都在透過自己獨特的途徑探索最簡單的、最符合心靈需求的新生活方式，以替代目前日漸奢侈、日漸繁冗的生活方式。這也正是簡單生活運動要做的事情。

CHAPTER 04

此刻就是上天賦予的禮物

活在當下消弭煩躁的都市身心靈課

人生無常，很多事情都不是我們能預料的，我們所能做的就是把握當下。捨不得過去，等不到永遠，因此唯有認真活在當下。當一切變成黑暗，後面的來路，與前面的去路，都看不清楚時，那就如同前世與來生，什麼摸不著。這時我們要做的是什麼？唯有看腳下，看今生！

把握今天，是臣服當下的關鍵

別總是羨慕別人了，有些看似很有趣、或風光、或逍遙的人，其實他們對人生也有毫無頭緒、迷惘的時候，認真過好眼前的日子，做好每一件該做的事，才是讓自己活得更值得的好方法。

一位哲學家途經荒漠，看到很久以前的一座城池廢墟，哲學家想在此休息一下，就順勢在路邊的石雕旁坐了下來。望著充滿歷史痕跡的城垣，想像曾經發生過的故事，他不由得感歎了一聲。

忽然，耳邊有個說話聲響起：「先生，你感歎什麼呀？」

他四下張望，卻沒有看到人，正在他疑惑的時候，那聲音又響了起來。原來，發出聲音的是一座石雕，那是一尊雙面神的神像。

哲學家好奇地問：「你為什麼有兩副面孔呢？」

雙面神回答說：「有了兩副面孔，我才能一面察看過去，牢牢地汲取過去的教訓；另一面又可以瞻望未來，去憧憬無限的美好啊！」

哲學家說：「過去只是現在的逝去，無法留住，而未來又是現在的延續，是你現在無法得到的。你不把現在放在眼裡，即使你能對過去瞭若指掌，對未來洞察先知，又有什麼意義呢？」

雙面神聽了哲學家的話，不由得痛哭起來，他說：「先生啊！聽了你的話，我現在才明白，我落得如此下場的根源。」

哲學家問：「為什麼？」

雙面神說：「很久以前，我駐守這座城池時，自詡能夠一面察看過去，一面又能瞻望未來，卻唯獨沒有好好地把握住現在。結果這座城池被敵人攻陷了，美麗的輝煌都成了過眼雲煙。我也被人們唾棄而棄於廢墟中了。」

世界上有三種人：第一種人只會回憶過去，在回憶的過程中體驗感傷；第二種人只會空想未來，在空想的過程中不務正事；只有第三種人注重現在，腳踏實地，慢慢積累，一步一步踏踏實實地走向未來。想要成為故事中的雙面神，還是做第三種人，都掌握在我們手中。

有段期間，下地獄的人銳減了，閻王便緊急召集眾鬼，商討如何誘人下地獄。眾鬼各抒己見。

牛頭提議道：「我告訴人類：『丟棄良心吧！根本就沒有天堂！』」

閻王考慮了一會兒，搖搖頭。

馬面提議道：「我告訴人類：『為所欲為吧！根本就沒有地獄！』」

閻王想了想，還是搖搖頭。

過了一會兒，旁邊一個小鬼說：「我去對人類說：『凡事還有明天！』」

閻王聽了點點頭，吩咐大家趕緊這樣做。

扼殺我們心智的最可怕的一句話居然是「還有明天」。仰賴明天是一個可怕的思想，它讓人不思進取，蹉跎歲月，浪費生命。它成了人做事拖延的藉口，也是許多人一事無成、無所事事的原因。

快樂活在當下，盡心就是完美

佛家常勸世人要「活在當下」。何謂活在當下？看似深奧的道理實際上很簡單：吃飯就是吃飯，睡覺就是睡覺，沒有過去拖著你的腳步，亦沒有未來拉扯你的目光，你全部的能量都集中在這一刻，集中在現在的人和物上面，生命因此生長出一種強烈的張力。

然而，世俗之中又有多少人無法專注於當下，無數個問號糾纏著他們：我在過去存在，還是不存在？過去的我曾是誰？我曾怎麼樣？我的未來將存在，還是將不存在？未來我會是誰？我會怎麼樣？然後我又會成為什麼，變得怎麼樣？揹負著過去，憂慮著未來，卻對眼前的一切視若無睹，便永遠到不了心靈的淨土。

宇宙每一瞬都在改變，我們只有一瞬，只活在當下。生活從來不在別處，只在眼前明明白白的每一分，每一秒。

日本的親鸞上人九歲時，就已立下出家的決心，他要求慈鎮禪師為他剃度，慈鎮禪師問他：「你還這麼年少，為什麼要出家呢？」

親鸞說：「我雖年僅九歲，父母卻已雙亡，我不知道為什麼人一定要死亡？為什麼我一定非與父母分離不可？為了探究這層道理，我一定要出家。」

慈鎮禪師非常嘉許他的志願，說道：「好！我明白了。我願意收你為徒，不過，今天太晚了，待明日一早，再為你剃度吧。」

親鸞聽後，非常不以為然地說道：「師父！雖然你說明天一早為我剃度，但我終是年幼無知，不能保證自己出家的決心是否可以持續到明天。而且，師父，你年事已高，你也不能保證你是否明早起床時還活著。」

慈鎮禪師聽了這話，拍手叫好，並滿心歡喜地說道：「對的，你說的話完全沒錯！現在我馬上就為你剃度吧！」

路就在腳下，現在不做，更待何時？來生的緣，可以是今生結下的；來生的果，可以是今生種下的。前世的債，今生正在還。還不清，來生還得繼續；前世的緣，今生正在實現，好不容易盼到了，還不好好把握？過去的只是雜念，就讓它在時間的沙河中淘盡；未來的只是妄想，請用淡然的心去等待；我們能夠抓住的，只有此時此刻的心境；保護這份恬適，就是謹守自己當下的本分。

人只活在當下，沒有你之前，地球已然存在，有了你之後，地球依然存在。茫茫塵世間，人不過就是一粒浮塵，來自偶然，也不知去向何處。今世做人，就做好人的本分，不必去追問前生，亦不必去幻想來世。

有個小和尚負責清掃寺院裡的落葉。這是件苦差事，秋冬之際，每次起風，樹葉總是隨風飛舞。每天早上都需要花費許多時間才能清掃完樹葉，這讓小和尚頭痛不已。他一直想找個好辦法讓自己輕鬆些。

後來有個和尚跟他說：「你在明天打掃之前先用力搖樹，把落葉都搖下來，後天就可以不用掃落葉了。」小和尚覺得這是個好辦法，於是隔天他起了個大早，使勁地搖樹，以為這樣就可以把今天跟明天的落葉一次掃乾淨了，他一整天都很開心。

第二天，小和尚到院子裡一看，不禁傻眼了，院子裡如往日一樣滿地落葉。

老和尚走了過來，對小和尚說：「傻孩子，無論你今天怎麼用力，明天的落葉還是會飄下來的。」

小和尚終於明白了，世上有很多事是無法提前的，唯有認真地活在當下，才是最真實的人生態度。

小和尚是勤奮而且虔誠的，但是人生經驗的缺失，使他執迷於只想盡量擺脫苦惱，甚至在今天就想化解掉明日的憂愁。人每一天都要面對嶄新的生活，每一天都有每一天的人生功課，努力做好今天的功課再說吧！用平常的心對待每一天，認真地活在當下。

每天達成所願，便能免除明日煩憂

一日，弘一大師來到禪堂，為眾僧講佛。十分鐘後，弘一大師敲過木魚，環視屋內眾僧，只見一小沙彌額頭冒汗，雙手顫抖。

弘一大師問其原因，小沙彌回道：「方才聽師父講誦佛法，以為能課業圓滿，沒想到心思怎麼也集中不到一點上，以致如此。」

弘一大師微微一笑，雙手合十道：「諸生煩惱，不過是糾結過多。心在當下，又何來紛擾。」

上班下班，吃飯走路，或者擠公共汽車，有人閉目卻思緒萬千，有人微笑卻面色憔悴。望浮雲而憂人生歲月，看今朝而惱明日風雨。名韁利鎖，奔忙勞累，一刻不得閒。這樣的人，說來終歸有些感時傷世。因為感時，故牽掛太多，明天將會如何，以後還能怎樣，現在的落腳之處是否會是自己終身的陋室；因為傷世，而喜怒無常，試圖尋求安寧的場所，眼見人來人往，空間被壓縮，似乎連呼吸都顯得如此困難。就像那個小沙彌一樣，心思有礙，而不能徹悟。

在古人看來，這無疑是身心的「物役」，即為自己創造的事物所困，更為自己的精神世界所擾，想要尋得簡單的生活，卻終究不得。他們雖然工作著、生活著，卻似一群被放逐的幽靈，生活在別處。執著於不可知的將來，於是霧非霧，花非花，樸質清新的一面也逐漸被世俗的塵埃所覆蓋，不知道該往哪裡去。自然萬物再怎麼複雜，都是起於一物，最終落於一物。落於一物即是關照現在。執著於當下，庸人自擾似的無盡煩惱和因此而發的黯然神傷，還會浮現於我們的心頭嗎？也唯有關照現在，放眼當下，內心才不致看似充沛實則荒蕪，才可以簡單通達的心態面對錯綜複雜的人世。

踏實於現在，便能避免明日的歎息

時間的過去、現在和未來是互相交錯不可分割的，所以說過去就是未來，未來也就是過去，現在就是過去以及未來。但是我們很容易發現，在現實世界中，時間自然而然的流逝總讓我們忽視了對生命的思索。不要被時間矇騙，以為過去的已經過去，未來的一定會來，現在的永遠不變。在時間的脈絡中，我們唯一能夠把握的就是現在，所以，不要牽掛過去，不要擔心未來，便能與過去和未來同在。

艾森豪是美國歷史上一位受人尊敬的總統。在他年少的時候，一次和家裡人一起玩紙牌遊戲。幾局下來，他抓的牌都不好，於是他很不高興。他的母親看到這種情形，就認真地告訴他，不管你手中的牌如何，都只能用現在手裡的牌繼續玩下去。之後，母親又語重心長地告訴他人生的哲理：「人生同玩牌一樣，不管有什麼樣的人生際遇都要接受現狀，然後再竭盡全力爭取最好的結果。」

母親的這番話觸動了他。此後，艾森豪不再怨天尤人，他腳踏實地地做好當下的事情。即使身處逆境，也不怨天尤人，而是以積極樂觀的人生態度去把握當前的局面。他也經歷了人生的飛躍，從一個出身平民家庭的孩子，到中校、盟軍統帥，最後成為美國的第三十四任總統。

有人請教大龍禪師：「有形的東西一定會消失，世上有永恆不變的真理嗎？」大龍禪師回答：「山花開似錦，澗水湛如藍。」這句話的意思是說：如錦緞般盛開的鮮花，雖然轉眼便會凋謝，但依然不停地奔放綻開，碧玉般的溪水，雖然映照著同樣蔚藍如洗的天空，卻每時每秒都在發生變化。世界是美麗的，但似乎所有的美麗都會轉瞬而逝。生命的意義在於過程，抓住瞬間消失的美麗，就是一種收穫。時間像是一支弦上的箭，它是單向的，不能回頭，所以我們要把握住現在、今朝，認真活在當下的每一分鐘。

人生如白駒過隙，當擦肩而過的一些人或事遠離我們的時候，想要去挽留、去彌補都是不現實的。我們能夠把握的只有當下。如果未能善加捕捉當下的幸福，也是會錯過的。所以，請務必要學會把握住當下，避免無謂的歎息。

與其捕捉未來，不如掌握好明確的現在

一八七一年春天，一名服務於蒙特婁綜合醫院的醫學學生偶然拿起一本書，看到了書上的一句話。就是這句話，改變了這個年輕人的一生。

這句話讓這個原來只知道擔心自己期末考試成績、自己將來的生活何去何從的醫學院學生，最後成為了當代最有名的醫學家。他創建了舉世聞名的約翰・霍普金斯學院，被聘為牛津大學醫學院的欽定講座教授，還被英國國王冊封為爵士。他死後，他的一生用厚達一四六六頁的兩大卷書才記述完。他就是現代臨床學之父威廉・奧斯勒爵士。那句話，是他在一八七一年讀到的，撰寫者為湯馮士・卡萊里：「人的一生最重要的不是期望模糊的未來，而是重視手邊清楚的現在。」

我們不知道自己的生命到底有多長，但我們可以安排當下的生活。只要把握好現在，我們的人生就一定不會失色。湯馮士・卡萊里的這句話不僅改變了威廉・奧斯勒的人生，也對其他人產生了影響，哥本哈根大學的學生，卓根・朱達，他就是這樣做的。

有一年暑假，他去當導遊，他總是高高興興地為客戶做許多額外的服務，因此幾位芝加哥來的遊客就邀請他去美國觀光。旅行路線包括在前往芝加哥的途中，到華盛頓特區做一天的遊覽。卓根抵達華盛頓以後，就住進「威樂飯店」，他已經預付過那裡的帳單。

這時的他真是樂不可支，外套口袋裡放著飛往芝加哥的機票，褲袋裡則裝著護照和錢。後來這名青年突然遇到晴天霹靂。當他準備就寢時，才發現皮夾不翼而飛。他立刻跑到櫃檯那裡。「我們會盡量想辦法。」經理說。

次日一早，皮夾仍未尋獲，卓根的零用錢連兩塊錢都不到。孤零零一個人待在異國他鄉，應該怎麼辦呢？打電報給芝加哥的朋友向他們求援？還是到丹麥大使館去報告遺失護照？還是坐在警察局裡乾等？

他突然對自己說：「不行，這些事我一件也不能做。我要好好看看華盛頓。說不定我以後沒有機會再來，現在仍有寶貴的一天待在這個城市裡。好在今天晚上還有機票到芝加哥去，一定有時間解決護照和錢的問題。」

「我跟以前的我還是同一個人，那時我很快樂，現在也應該快樂！我不能白白浪費時間，現在正是享受的好時候。」於是他立刻動身，徒步參觀了白宮和國會山，並且參觀了幾座大博物館，還爬到華盛頓紀念館的頂端。他去不成原先想去的阿靈頓和許多別的地方，但他把能看的景點看得非常仔細。他買了花生和糖果，一點一點地吃，以免挨餓。等他回到丹麥以後，這趟美國之旅最使他懷念的卻是在華盛頓漫步的那一天——如果他沒有運用做事的祕訣，就會讓那一天白白溜走。他把握住了最應該把握的當下。

在這個世界上，有許多事情是我們難以預料的。我們左右不了變化無常的天氣，但可以調整自己的心情；我們不能控制機遇，卻可以掌握自己；我們無法預知未來，但可以把握現在；我們不知道自己的生命到底有多長，但我們可以安排當前的生活。只要把握好現在，我們的人生就一定不會失去光彩。

活在當下，並滿足於當前的現狀

「活在當下」的真正含義來自禪，簡單來說，就是自己現在所做的事情，正是最重要的事情，現在和自己一起做事情的人，就是最重要的人，現在所處的時間，是最重要的時間。所謂「當下」就是指：你現在正在做的事、所處的地點，以及周圍的人。「活在當下」就是要你把關注的焦點集中在這些人、事、物上面，全心全意認真去接納、品嘗、投入和體驗這一切。活在當下是一種全副身心投入人生的生活方式。當你活在當下，而沒有過去拖在你後面，也沒有未來拉著你往前時，你全部的能量都集中在這一時刻，生命因此具有一種強烈的張力。

人們之所以總是有各式各樣的麻煩，是因為人們總是生活在過去或者未來。這時往往被我們所忽視的就是我們生活的「當下」。一個真正懂得「活在當下」的人是能夠在「快樂來臨的時候享受快樂，痛苦來臨的時候迎著痛苦」的。

美國的聖地牙哥是一個浪漫而富有魅力的海邊城市，從它的邊境走過去，就是墨西哥的一個小城市。走進墨西哥，你立刻會感覺到十分不同的氛圍，從城市面貌上講，毫無疑問，比起鄰居——幽靜美麗的聖地牙哥，一個是地上，一個是天堂。墨西哥所呈現的是：塵土飛揚的馬路，簡陋的餐廳，賣小玩具討錢的小孩子……

然而，遊人能立刻被這裡的歡樂氣氛所感染，穿著樸實、熱情友好的人們臉上寫著喜悅，帶給人一種久違的感動。不遠處，三五成群個子不高的墨西哥男子邊拉手風琴，邊買烤肉，空氣中彌漫著烤肉的香味。實際上，這只是當地人極為平凡的一天。

墨西哥民族有著豪放歡快、熱情洋溢、無憂無慮的性格。他們的人生哲學，是活著的一天，就享受一天的生命。相比之下，在比之更富有的國家裡，人們的臉上卻寫著焦慮不滿、嚴峻冷漠、不甚友好的情緒，似乎生活虧欠了他們什麼。

是的，活在當下就要對自己當前的現狀滿意，要相信每一個時刻發生在你身上的事情都是最好的，要相信自己的生命正以最好的方式展開。你如果抱怨現狀不好，是因為你不知道還有更壞的狀況，如果你不活在當下，就會失去當下。

人活在當下，應該放下過去的煩惱，捨棄未來的憂思，順其自然，把全副的精神用來承擔眼前的這一刻，因為失去此刻便沒有下一刻，不能珍惜今生也就無法嚮往未來。

為往事悔恨，為未來擔憂，只是徒增痛苦

生活裡，在實際事物上所利用的時間，我們稱之為「鐘錶時間」。但是在實際事物被解決或者尚未解決的時候，我們容易產生一種心理時間，即對過去的深切懷念和對未來過度的憧憬。然而不管心理時間定格在過去還是未來，都不利於我們對現在的把握和眼前的發展。因為昨天只是一種記憶，隨著時間的推移，這種記憶會逐漸被淡忘。明天只是一種虛幻，只會增加莫名的痛苦。

人的一生最有害的兩種情緒莫過於為往事悔恨，為未來的事擔憂。如果你真的被這兩種情緒所控制，那你就是生活在烏托邦之中。它不會幫你改變過去與未來，卻會使你陷入惰性與悲觀的泥沼，失去對現在的感受。

我們的身體和心靈都生活在現在，也只能為現在而存在，為什麼要一遍又一遍地回顧往事、憂慮未來呢？實際上，過去的事情不論多麼值得流連或是多麼需要悔恨，都只是毫無意義的心理反應，「過去」已經過去了，已經不存在了，而未來尚未到來，也是不存在的。人生就像爬山登高，爬在中途的時候，不必往下看，也不要拚命地往上看。因為你不大可能看到頂峰，不大可能看得很遠、很清楚，何必要為看不清楚的未來費神費力，分散注意力呢？

有一位國王，常為過去的錯誤而悔恨，為將來的前途而擔憂，整日鬱鬱寡歡，於是他派大臣四處尋找一個快樂的人，並把這個快樂的人帶回王宮。這位大臣四處尋找了好幾年，終於有一天，當他走進一個貧窮的村落時，聽到一個快樂的人在放聲歌唱。循著歌聲，他找到了正在田間犁地的農夫。

大臣問農夫：「你快樂嗎？」

農夫回答：「我沒有一天不快樂。」

大臣喜出望外地把自己的使命和意圖告訴了農夫。

農夫聽了微微一笑，接著說道：「我曾因為沒有鞋子而沮喪，直到有一天我在街上遇到了一個沒腳的人，我才知道自己有多幸福。」

快樂是什麼？快樂就是珍惜你現在擁有的一切。快樂就是如此簡單。

有人為薪資低而懊惱、憂鬱，猛然發現隔壁鄰居已經失業，於是暗暗慶幸自己還有一份工作可以做，雖然薪資低一些，但起碼沒有失業，心情轉眼就好了起來。每個人總是看重自己的痛苦，而對別人的痛苦忽略不計。當自己痛苦不堪的時候，要是能夠換一個角度來思考，痛苦的程度就會大大減弱。教你一個快樂的辦法：當自己興高采烈的時候，應多向上比較，越比較會越進步；當自己苦惱鬱悶的時候，應多向下比，越比較會越開心。人生最可悲的事情不是不知該怎樣抉擇，而是當你手中牢牢抓住許多東西時，你卻不懂得去珍惜。

從前有一個流浪漢，不知進取，每天只知道手上拿著一個碗向人乞討度日。最終，人們發現他潦倒而死。他死後，只剩下了他天天向人要飯的碗，有人看到了這個碗，覺得有些特別，帶回了家裡仔細研究才發現，原來流浪漢用來向人乞討的碗，竟是價值連城的古董。

人往往只為了尋求自己手中沒有的東西，卻忽略了已經屬於自己的財富。我們應該多注意自己手中所捧的那個碗，不要總是眼高手低，一味地羡慕別人，而忘了自己本身原有的價值。

當然，也有將心理時間定格在未來的人，他們主張為了將來犧牲現在。按照這種邏輯，採取這種態度生活，那就意味著沒有現在，只有未來，不僅要避免目前的享受，而且要永遠迴避幸福。因為我們所指望的將來的那一天一旦到來，也就成為那時的現在；而在那時的現在又要為那時的將來做準備。如此明日復明日，今天為將來，幸福豈不是永遠可望而不可及嗎？

當然，寄希望於未來，如果做為學習和工作上的奮鬥目標，期望生活改善，事業有成，這樣的想法沒有錯。人應該生活在希望中，以此來促使自己從消沉的情緒中解脫出來，但其實質仍是為了抓住現在的時光去做腳踏實地的努力，而不是迴避現實去空想未來多麼美好。當那一天真的到來時，卻往往是平淡無奇的，不如想像的那麼美好。激動一時之後，又會面臨新的矛盾和難題。這種把未來理想化的想法是脫離實際的幻想。

不論是過去還是未來，都不是我們人生的基調。我們只有擺脫心理時間，生活在當下，才能更完善地掌握人生。

為了現時的喜樂而存在

我們的眼光是為了看到現時的喜樂而存在的，如果始終將目光停留在消極之處，那麼你只會變得越來越沮喪、自卑，為自己增添煩惱。悲觀失望的人在挫折之前，會陷入無法自拔的困境。樂觀向上的人即使在絕境之中，也能看到一線生機，並為此釋然。

尤利烏斯是一名很棒的畫家，他畫快樂的世界，因為他自己就是一個快樂的人。雖然沒人買他的畫，因此他想起來會有點傷感，但這樣的感傷只會持續一會兒。

他的朋友們勸他：「玩玩足球彩票吧！只花兩馬克便可贏很多錢！」

於是尤利烏斯花兩馬克買了一張彩票，並真的中了彩！他賺了五十萬馬克。

他的朋友都對他說：「你瞧！你多走運啊！現在你還經常畫畫嗎？」

「我現在就只有在支票上填寫數字！」尤利烏斯笑道。

尤利烏斯買了一幢別墅，並把別墅整修設計一番。他很有品味，買了許多好東西：阿富汗地毯、維也納櫃櫥、佛羅倫斯小桌、邁森瓷器，還有古老的威尼斯吊燈。

尤利烏斯很滿足地坐下來，他點燃一支香菸靜靜地享受他的幸福。突然他感到好孤單，便想去看看朋友。他把煙往地上一扔，在原來那個石頭做的畫室裡他經常這樣做，然後他就出去了。

燃燒著的香菸躺在地上，躺在華麗的阿富汗地毯上……一個小時以後，別墅變成一片火的海洋，它完全燃燒盡了。

朋友們很快就知道了這個消息，都前來安慰尤利烏斯。

「尤利烏斯，真是不幸呀！」他們說。

「什麼不幸？」他問。

「損失呀！尤利烏斯，你現在什麼都沒有了。」

「什麼呀？不過是損失了兩個馬克。」

朋友們為了失去的別墅而惋惜，尤利烏斯卻不在意，正如他所說的，這整個過程，他所耗費的不過是兩馬克，怎麼會影響他正常的生活，讓他陷入悲傷之中呢？由此可知，事情本身並不重要，重要的是面對事情的態度。只要有一雙能夠發現美好事物的眼睛，有一顆保持樂觀的心，那麼即使是再悲慘的事情，也不會傷害到我們。

我們都有這樣的感受：快樂開心的人在我們的記憶裡會留存很長的時間，因為我們更願意留下快樂的而不是悲傷的記憶。每當我們回想起那些勇敢且愉快的人們時，我們總能感受到一種柔和的親切感。

到處都有明媚宜人的陽光，勇敢的人一路縱情歌唱。即使在烏雲的籠罩之下，他也懷著對美好未來的期待，一刻不曾沮喪悲觀；無論他從事什麼行業，他都會覺得自己的工作很重要、很體面；即使他穿的衣服襤褸不堪，也無礙於他的尊嚴；他不僅本身感到快樂，也能為別人帶來快樂。

千萬不要讓眼光停留在消極之處，讓自己心情變得越來越消沉，一旦發現有這種傾向就要馬上排除。我們應該養成樂觀的個性，面對所有的打擊我們都要堅韌地承受；面對生活的陰影我們也要勇敢地克服。要知道，任何事物總有光明的一面，我們應該去發現光明、美好的一面。垂頭喪氣和心情沮喪是非常危險的，這種情緒會減少我們生活的樂趣，甚至會毀滅我們的生活。

自己不氣，便沒有躁氣

憤怒是一座活火山，它爆發的時候，會將一切美好化為灰燼。

生活中，常有許多事令人心生憤怒，而在我們火冒三丈的時候，傷害的不僅是別人，更是我們自己。世間萬物，危害健康最甚者，莫過於怒氣。「氣」乃一生之主宰，與人體健康關係甚密。若「心不爽，氣不順」，必將破壞機體平衡，導致各部位器官功能紊亂，從而誘發各種疾病和災難。所以《內經》就明確指出：「百病生於氣矣。」

生氣和發怒是身心健康的最大障礙。一個人要想生活得幸福、安然、自在，必須擺脫「嗔」的困擾。

有一位脾氣十分古怪的婦人，經常為一些無足輕重的小事生氣。她也很清楚自己的脾氣不好，但她就是控制不住自己。

朋友對她說：「附近有一位得道高僧，妳何不去向他訴說心事，請他指點迷津呢？」於是，她就抱著姑且一試的心態，去拜訪那位高僧。

她找到了高僧，向他訴說了自己心事。她言語態度十分懇切，渴望從高僧那裡得到啟示。

高僧一言不發地聽她闡述，等她說完了，就把她領到一個禪房中，然後鎖上房門，無聲而去。

婦人本想從禪師那裡聽到一些開導的話，沒想到禪師一句話也沒有說，只是把她關在這個又黑又冷的屋子裡。她氣得跳腳大罵，但是無論她怎麼罵，禪師就是不理會她。婦人實在忍受不了，便開始哀求，但禪師還是無動於衷，任由她在那裡哀求。

過了很久，房間裡終於沒有聲音了，禪師在門外問：「還生氣嗎？」

婦人說：「我只生自己的氣，我怎麼會聽信別人的話，到你這裡來呢？」

禪師聽完，說道：「妳連自己都不肯原諒，怎麼會原諒別人呢？」說完，他再度離開。

過了一會兒，高僧又來了，他問道：「還生氣嗎？」

婦人說：「不生氣了。」

「為什麼不生氣了呢？」

「我生氣有什麼用呢？只能被你關在這個又黑又冷的屋子裡。」

禪師說：「妳這樣其實更可怕，因為妳把自己的氣都壓在一起了，一旦爆發，會比以前更加強烈。」說完又轉身離去了。

等到第三次禪師問她的時候，婦女說：「我不生氣了，因為你不值得我為你生氣。」

「妳生氣的根還在，妳還沒有從氣的漩渦中擺脫出來。」禪師說道。

又過了很長時間，婦人主動問道：「禪師，你能告訴我，氣是什麼嗎？」

高僧還是不說話，只是看似無意地將手中的茶水倒在地上。

婦女終於頓悟：原來，自己不氣，哪裡來的氣？心地透明了，了無一物，何氣之有？

自己不氣，便沒有氣，心中無嗔，便是淨土。佛陀說過：「對憤怒的人，以牙還牙是一件不應該的事。對憤怒的人，不以牙還牙的人，將可得到兩個勝利：知道他人的憤怒，而以正念鎮靜自己的人，不但勝於自己，而且勝於他人。」學會以豁達的心胸待人處世，不以人之犯己而動氣，以祥和慈悲的態度面對一切事、一切人，不含嗔心，這樣才是最好的養生，這樣才能獲得快樂的人生。

保持平常心，發掘愉悅的心情

忙碌是一種生活狀態，但不應該成為心靈的常態。若只能從忙碌中體會到煩惱與紛擾，便很難體驗到遊刃有餘、自由灑脫的心境。在忙碌的世俗生活中，保持一種平常心，將忙碌的勞累與不快沉澱到心底，並用歲月將其風乾成一種曾經奮鬥的記憶，才是兼顧工作與生活樂趣的絕妙方法。

古時候，一位官員每天忙忙碌碌，不得清閒，時間久了，他心中生了很多煩惱，對工作也倦怠了。苦惱無處排解，於是他便來到一位禪師的法堂。

禪師靜靜聽完了此人的傾訴，將他帶入自己的禪房之中，這間禪房的桌上放著一瓶水。

禪師微笑著說：「你看這只花瓶，它已經放置在這裡許久了。雖然它每天都被放在同一個位置，但是瓶中的鮮花每天都會更換，它必須以同樣的狀態供給水分給鮮花。這是一種不動聲色的靜態忙碌。在這裡，幾乎每天都有塵埃灰燼落在花瓶裡面，但它依然澄清透明。你知道這是何故嗎？」

此人思索良久，彷彿要將花瓶看穿，忽然他似有所悟：「我懂了，所有的灰塵都沉澱到瓶底了。」

禪師點點頭，說：「世間煩惱之事數之不盡，有些煩惱越想排解越揮之不去，那就索性淡然處之。就像落入瓶中水的塵埃一般，如果你厭惡地搖晃它，會使這一整瓶水都不得安寧，混濁一片；如果你願意慢慢地、靜靜地讓它們沉澱下來，用寬廣的胸懷去容納它們，這樣，心靈便不但沒有受到污染，反而變得更加純淨了。」

官員聽了恍然大悟，連聲道謝後離開。

花太多時間思考同一個問題，並不會讓它變得容易解決。保持瓶中水的靜止，等於保持自己內心的安定。保持一顆平常心，和其光，同其塵，越深邃越安靜。生活抑或工作中的我們，應該養成一種靜如止水的心態，容納萬物，也容納自我的煩惱。水至柔而有骨，執著能穿石，以「天下之至柔，馳騁天下之至堅」；清澈透明，潔身自好；潤澤萬物，有容乃大。人生在世，若能將水的特性發揮得淋漓盡致，可謂完人，正是「上善若水，厚德載物」，才能在忙碌的工作中獲得歡喜，否則，便會因為忙碌而失去發掘幸福的心情。

有個後生在前往禪院的路途中遇到一件有趣的事，他想以此去考考禪院裡的老禪者。後生來到禪院後，與老禪者一邊品茶，一邊閒談，冷不防問了一句：「何為團團轉？」「皆因繩未斷。」老禪者隨口答道。後生聽到老禪者這樣回答，頓時目瞪口呆。

老禪者見狀，問：「何事使你這樣驚訝？」

「老師父，我驚訝的是，你怎麼知道我在問的事情呢？」後生說。「我今天在來禪院的路上，看到一頭牛被繩子穿了鼻子，拴在樹上，這頭牛想離開這棵樹，到草地上去吃草，誰知牠轉過來轉過去都不得脫身。我以為師父沒看見，肯定答不出來，哪知師父一下就答對了。」

老禪者微笑著說：「你問的是事，我答的是理，你問的是牛被繩縛而不得解脫，我答的是心被俗務糾纏而不得超脫，一理通百事啊！」

想想我們自己，其實也是被一根無形的繩子牽著，像老牛一樣圍著樹幹團團轉，總解脫不了。我們的處境又比老牛好到哪兒去呢？為了錢，我們東西南北團團轉；為了權，我們上下左右轉團團；為了欲，我們上上下下奔竄；為了名，我們日日夜夜竄奔。名是繩，利是繩，欲是繩，塵世的誘惑與牽掛都是繩。人生三千煩惱絲，斬斷才能自在啊！

對活在忙碌緊張、名利纏繞的現代社會的我們而言，肩上的重擔，心中的壓力，將我們纏繞其中，使我們與快樂背道而馳，越走越遠。在忙碌的工作中，放下心中的煩惱，放下心中的欲望，便會得到一雙跨越懸崖，朝著晴朗的快樂天空自由飛翔的翅膀！

踏實沉靜的心情，讓你更幸福沉著

梁實秋先生是一名以優雅著稱的學者，他優雅的話語，優雅的文章總能讓人心情寧靜。有人說梁實秋先生的文章是一杯清心茶，能蕩滌人心中的浮躁。而現實中的梁實秋先生，也是主張做人應該踏實而最忌浮躁的。

抗日戰爭時期，梁實秋滯留在四川成都，當時他所處的環境，可以說與一座「牢獄」沒有多大差別。然而，他卻將其住所取名為「雅舍」，且一住七年。豁達的心胸和踏實的生活態度，在梁實秋先生看來是為自己「減刑」的方法。正是在這樣的環境中，梁實秋先生除完成中小學戰時教材編寫任務外，還創作了《雅舍》等十幾篇小品文，翻譯了莎士比亞的《亨利四世》等多部外國作品。

在為散文集《雅舍》作序時，梁實秋先生說：「我非顯要，故名公巨卿之照片不得入我室；我非牙醫，故無博士文憑張掛壁間；我不業理髮，故絲織西湖十景以及電影明星之照片亦均不能張我四壁。」這些話表達了他對社會各色人等自我炫耀和浮躁之陋習的譏諷，亦有對自我個性的張揚：我自有我的生活方式，我的人生趣味，對他人概不豔羨，亦不模仿。正是這種踏實而不浮躁的生活態度，讓困境裡的梁實秋先生也能感受到生活的樂趣。

「欲速則不達，見小利則大事不成」、「三思而後行」，這是梁實秋先生所提倡的沉穩、含蓄，如同太極拳般心平氣和、不急不躁的為人準則。在大學任教期間，他總是勸導他的學生要戒驕戒躁。但是在經濟高速發展的今天，我們卻總能或多或少地感受到社會的浮躁。

有些人做事缺少恆心，見異思遷，急功近利，成天無所事事。面對急劇變化的社會，他們對前途毫無信心，心神不寧。浮躁是一種情緒，一種不可取的生活態度。人浮躁了，會終日處於又忙又煩的應急狀態，脾氣會暴躁，神經會緊繃，長久下來，會被生活的急流淹沒。

其實，靜下心來，笑對人生，更能獲得成功。有「石佛」之稱的韓國圍棋第一高手李昌鎬，他總是以一顆平常心來對待每次對弈，置勝負於度外，平心靜氣地走好每一步棋。出現劣勢時，對手大多有些忙亂，但他依舊毫無表情，紋絲不動，而最終的勝者往往就是他。在這個瞬息萬變的物質世界中，其實人人都可能有過浮躁的心理，也許只是一個念頭而已。一念之後，只要回歸本心，就不會迷失方向。只要有擁有一顆淡泊的、寧靜的心，就會更幸福、更沉著。

做事到位，心中自然安定

弘一大師認為，凡修持藥師法門者，在念修行經文時宜「特別注意，盡力奉行。」假使不如此，僅僅注意滋養現實人生的事，則唯獲人天福報，與夫出世間之佛法了無關係。若是受戒，也不能得上品圓滿的戒。若是生西，也不能往生上品。在法師看來，無論做什麼事情，一向都是盡心盡力地把事情做到位，就是在念佛的時候，他也是一絲不苟，一字一音，發音標準而到位，絕無漏字斷句的情況。而且，他在念佛的時候從不會因為外在的原因而打斷自己，要麼不念，要念就一定一次念完，念到位。這樣才能修業圓滿。

人們在做事時，有時會有做不到位的情況，表面上看起來，似乎對整體影響不大，其實，做事不到位會給未來的工作留下隱患，一旦問題爆發出來，便會使得事情變得困難，而且還要進行大量的彌補工作。

耶穌帶著他的門徒彼得遠行，途中發現了一塊破爛的馬蹄鐵。耶穌請彼得把它撿起來。沒想到彼得懶得彎腰，假裝沒聽見。

耶穌沒說什麼，自己撿起馬蹄鐵，用這塊馬蹄鐵從鐵匠那兒換來三文錢，又用這錢買了十八顆櫻桃。

兩人繼續前行，經過的全是茫茫的荒野。

耶穌猜到彼得一定很口渴，就讓藏於袖中的櫻桃掉出一顆。彼得一見，趕緊撿起來吃掉。

耶穌邊走邊丟，彼得也就狼狽地彎了十八次腰。

耶穌見了彼得的舉止笑了，祂對彼得說：「如果當初你彎一次腰，就不需要在後來沒完沒了地彎腰。第一次不把小事幹好，將來就會在更小的事上操勞。」

這個故事讓我們了解到，把事情做到位是我們做好所有事情的前提條件，只有我們將事情真正做到位了，事情才能呈現出最好的結果。

比利時有一齣著名的基督受難舞臺劇，演員辛齊格數年如一日地在劇中扮演受難的耶穌。他高超的演技與忘我的境界，常常讓觀眾不覺得是在看演出，而是真的看到了再生的耶穌。

一天，一對遠道而來的夫婦，在演出結束之後來到後臺，他們想見見扮演耶穌的演員辛齊格，並合影留念。合完影後，丈夫一回頭看見了靠在旁邊的巨大的木頭十字架，這正是辛齊格在舞臺上揹負的那個道具。

丈夫一時興起，對一旁的妻子說：「妳幫我照一張背負十字架的相吧。」

於是，他走過去，想把十字架拿起來放到自己背上，但他用盡了全力，十字架仍紋絲未動，這時他才發現那個十字架根本不是道具，而是一個真正用橡木做成的沉重十字架。

在使盡了全力之後，這位先生不得不氣喘吁吁地放棄。

他站起身，一邊抹去額頭的汗水，一邊對辛齊格說：「道具不是假的嗎？你怎麼能每天都扛著這麼重的東西演出呢？」

辛齊格說：「如果感覺不到十字架的重量，我就演不好這個角色。在舞臺上扮演耶穌是我的職業，和道具沒有關係。」

的確，把事情做到位，不僅僅是做好每一件事情的客觀要求，也是一個人做事態度的表現與敬業精神的展現。

你所有的焦慮，都源自你的急於求成

人在下決心改正以往不好的習慣時，往往易於浮躁，將缺點一條條地列了出來之後，便恨不得一下子就把它們全部都改正。其實，這樣往往達不到實際的效果，還不如慢慢來，一次改掉一個缺點，這樣，效果反而會更好些。

「羅馬不是一天建成的！」有時候我們想一蹴而就，恨不得一下子把事情做好、做完。這種心理其實就是浮躁心理。浮躁使人急於求成，心神不寧。浮躁使人們產生了各種心理疾病，成功、幸福和快樂也被浮躁所羈絆。

《孟子‧公孫丑上》有則寓言，說的是宋國有個種田人，為了讓自己田裡的禾苗長得快一些，就下到田裡把禾苗一棵一棵地往上拔。

拔完回到家，他對家人說：「今天累壞了，我幫助田裡的禾苗長高了。」他的兒子聽後，急忙到田裡去看，只見田裡的禾苗全都枯萎了。

今天用來比喻強求速成反而壞事的成語「揠苗助長」，就是源於這個故事。植物生長必須依賴一系列條件，例如，要有適宜的溫度，要有適量的肥料，還要有足夠的生長時間。那個浮躁的宋國人急於求成，違反了植物的生長規律，費了半天力氣，卻把事情辦砸了。

生活中往往也存在著一些人，如上述寓言中那個揠苗助長的人一樣，一味地追求效率和速度，做起事來既無準備，也無計畫，只憑一時的心血來潮就動手去做。他們恨不能一日千里、一蹴而就，但往往事倍功半，其結果只能與成功背道而馳。

古時候有一對兄弟，很有孝心，每日上山砍柴賣錢為母親治病。神仙為了幫助他們，便教他們兩人，可用四月的小麥、八月的高粱、九月的稻、十月的豆、臘月的雪，放在千年泥做成的大缸內密封四十九天，待雞叫三遍後取出，汁水可賣錢。兄弟兩人各按神仙教的辦法做了一缸。待到四十九天雞叫兩遍時，老大耐不住性子打開了缸，一看裡面是又臭又黑的水，便生氣地灑在地上。老二堅持到雞鳴叫三遍後才揭開缸蓋，裡面是又香又醇的酒。

這個故事說明了一個深刻的道理：成功的關鍵在於戒除急躁，才能夠真正靜下心來做好某件事。你越是急躁，就會在錯誤的思路中越陷越深，也就離成功越來越遠。

浮躁就是心浮氣躁，是成功、幸福和快樂最大的敵人，還是各種心理疾病的根源。它的表現形式呈現多樣性，已滲透到我們的日常生活和工作中。可以說，我們的一生正是與浮躁鬥爭的一生。

當今社會由於人們的壓力太大，加上缺乏信仰、過分追求完美的心態無法得到滿足時，浮躁之心便於焉誕生。正因為這失衡的浮躁之心的作祟，使我們無法讓事情達到良好的效果。

那麼，如何去除浮躁心理呢？唯「靜心」二字是也！如果我們能安下心來認真做一件事情，不急於求成，不半途而廢，就沒有做不好的事。讓我們靜下心來，拭去心靈深處的浮躁，找到成功和快樂。浮躁時，在心中灑點水，澆滅浮躁的欲望，你便會感受到福至心靈般的快樂。

CHAPTER 05

知足常樂，取捨間把握生活

學習放下的都市身心靈課

人生旅途，山水相伴，風雨相隨。得取所想的同時，也會有所失去。這是一種選擇，只有學會了選擇，我們方可擁有一份安寧祥和的心態，才會活得更加充實、坦然而輕鬆。就人生而言，「捨棄」無疑是大智慧。明智的捨棄，是一個人進取、發展的前提。它不是毫無保留地向生活妥協，而是更深層面的進取。

放下散亂的心，提起專注的心；放下專注的心，提起統一的心；放下統一的心，提起自在心。唯有這樣，才能放鬆身心，提起正念，徹底放下，從頭提起。

人生的心態只在於進退適時

執著地對待生活，緊緊地把握生活，但又不能抓得過死，鬆不開手。人生這枚硬幣，其反面正是那悖論的另一要旨：我們必須接受「失去」，學會放棄。

英國退役軍官邁克萊恩，曾是一名探險隊員。一九七六年，他隨英國探險隊成功登上珠穆朗瑪峰。而在下山的路上，卻遇上了狂風大雪。每行一步都極其艱難，最讓他們害怕的是，風雪根本就沒有暫停的跡象。這時，他們所攜帶的食物已所剩無幾，如果停下來紮營休息，他們很可能在沒有下山之前，就會被餓死；如果繼續前行，大部分路標早已被大雪覆蓋，不僅要走許多彎路，而且，每個隊員身上所帶的增氧設備及行李等物，會壓得他們喘不過氣來，這樣下去就會步履緩慢，他們不餓死，也會因疲勞而倒下。

在整個探險隊陷入迷茫的時候，邁克萊恩率先丟棄所有的隨身裝備，只留下不多的食物，輕裝前行。他的這一舉動幾乎遭到所有隊員的反對，他們認為現在離下山最快也要十天時間。這就意味著這十天裡不僅不能紮營休息，還可能因缺氧而使體溫下降，導致凍壞身體。如此一來，他們將陷入極其危險的處境。

面對隊友的質疑，邁克萊恩很堅定地告訴他們：「我們必須而且只能這樣做，這樣的雪山天氣十天半月可能不會好轉，再拖延下去，路標也會被全部掩埋，丟掉重物，就不允許我們再有任何幻想和雜念，只要我們堅定信心，徒手而行，就可以提高行進速度，這樣或許我們還有生存下去的希望！」

最終隊員們採納了他的意見，一路上相互鼓勵，忍受疲勞和寒冷，不分晝夜前行，結果只用了八天時間，就到達了安全地帶。而惡劣的天氣，正像他所預料的那樣，從未好轉過。

若干年後，倫敦英國國家軍事博物館的工作人員找到邁克萊恩，請求他贈送任何一件與英國探險隊當年登上珠穆朗瑪峰有關的物品，不料收到的卻是萊恩因凍壞而被截下的10個腳趾和5個右手指尖。當年的一次正確的放棄，挽救了所有隊員的生命；也是由於這個選擇，他們的登山裝備無一保存下來，而凍壞的指尖和腳趾，卻在醫院截掉後，留在了身邊。這是博物館收到的最奇特而又最珍貴的贈品。

生活本身即是一種悖論：一方面，它讓我們依戀生活的饋贈；另一方面，又註定了我們對這些禮物最終的捨棄。失去了這種東西，必然會在其他地方有所收穫。關鍵是你要有樂觀的心態，相信有失必有得。要捨得放棄，要正確對待你的失去，失去才能得到，有時捨棄不過是獲得的第二張臉，失去也就是另一種獲得。

女孩和男孩是志同道合的好友，男孩把女孩視為自己的哥們。卻不知女孩其實已經超越了朋友的界限，悄悄地暗戀男孩很久了，她癡迷於男孩的一舉一動，卻不敢告訴他。她害怕一旦告訴男孩，他們可能連朋友也做不成。其實，她心裡非常清楚，男孩對她的喜歡，不是男女之情。但是，有一天，她發現其實男孩在喜歡班上的另外一位女生時，她心裡很難受，但是她還是克制著自己。

又過一陣子，當她發現男孩已經在和他喜歡的女生在約會的時候，她終於無法克制自己，向男孩怒吼一頓後，哭訴了自己的心聲。男孩這才發現了他一直視為哥兒們的女孩居然有如此的心思。但是，他知道自己是無法將她視為女朋友的。儘管男孩再三解釋，女孩卻始終無法放棄自己的感情。於是，女孩開始三番五次地破壞男孩與女友的約會，製造他們之間的衝突、摩擦。對於這一切挑釁，男孩盡力忍受。終於有一天，女孩使出了最後的一招殺手鐧，以死相威脅。當大家發現她的時候，她已經從學校十五層高的樓上，縱身跳下，結束了自己尚未盛開的花季人生。男孩得知後，非常痛心，陷於深深地自責之中。在他此後的人生，都要背負著沉重的愧疚之情。最痛苦的莫不過於女孩的父母，尚未分享孩子成才的喜悅，卻要用痛苦來度過自己的餘生。其實，對於男孩來說，他又是無辜的。女孩如果能夠明白，放棄也是一種人生的美麗，放棄這段感情，你必將收穫另一段真正美好的愛情。然而，一切都已經太晚。她的縱身一跳，能留給她最在乎的人的，也只是痛苦。

我們常常很執著於自己得到了什麼，卻很少想過我失去過什麼。如果人生只有得到，而從來沒有過失去，你就無法體驗人生的酸甜苦辣，也無法珍惜得到的珍貴。學會放棄，才是能與收穫結緣。

放下，是消弭對抗的心

禪宗認為，一個人只有把一切受物理、環境影響的東西都放掉，萬緣放下，才能夠逍遙自在，萬里行遊而心中不留一念。人的聚散離合，都是基於種種因緣關係，有因必有果，「因」既有內因，又有外因，還有不可抗拒的「無常」，事情的發展不會總是按照我們的主觀想像進行，大多數時候，萬事如意只是一個美好的心願罷了。

有個書生和未婚妻約好在某年某月某日結婚。但到了那一天，未婚妻卻嫁給了別人，書生為此備受打擊，一病不起。

這時，一位過路的僧人得知這個情況，決定點化一下他。僧人來到他的床前，從懷中摸出一面鏡子叫書生看。書生看到茫茫大海，一名遇害的女子一絲不掛地躺在海灘上。路過一人，看了一眼，搖搖頭走了。又路過一人，將衣服脫下，給女屍蓋上，走了。再路過一人，走過去，挖個坑，小心翼翼地把屍體埋了。

書生正疑惑間，畫面切換了。書生看到自己的未婚妻，在洞房花燭夜，被她的丈夫掀起了蓋頭。書生不明就裡，詢問僧人。

僧人解釋說：「那具海灘上的女屍就是你未婚妻的前世。你是第二個路過的人，曾給過她一件衣服。她今生和你相戀，只為還你一個情。但她最終要報答一生一世的人，是最後那個把她掩埋的人，那個人就是她現在的丈夫。」

書生聽後，豁然開朗，病也漸漸地好了。

書生之所以會病倒，是因為他不能承受這樣的打擊，也無法坦然地放下曾經的感情，但是前世的因造就今生的果，前世只有以衣遮身的恩情，今生也就只有短暫相戀的回報。書生放下了，也就解脫了，病自然也就好了。適時的放下不僅是治病的良藥，有時甚至會成為救命的法寶。

有一個人出門辦事，跋山涉水，好不辛苦。有一次經過險峻的懸崖，一不小心掉到了深谷裡去。此人眼看生命危在旦夕，雙手在空中攀抓，剛好抓住崖壁上枯樹的老枝，總算保住了性命，但是人懸蕩在半空中，上下不得，正在進退維谷、，知如何是好的時候，忽然他看到慈悲的佛陀，站立在懸崖上慈祥地看著自己。

此人如見救星般，趕快求佛陀說：「佛陀！求求祢大發慈悲，救我吧！

「救你可以，但是你要聽我的話，我才有辦法救你上來。」佛陀慈祥地說。

「佛陀！到了這種地步，我怎敢不聽你的話呢？隨祢說什麼，我全都聽祢的。」

「好吧！那麼請你把攀住樹枝的手放下！」此人一聽，心想，把手一放，勢必掉到萬丈深坑，跌得粉身碎骨，哪裡還保得住性命？因此更加抓緊樹枝不放。

佛陀看到此人執迷不悟，只好離去。

懸崖深谷得重生看似一種悖論，實際上卻蘊含著深刻的禪理。佛法中有言：懸崖撒手，自肯承擔。「懸崖撒手」是一種姿態，美麗而輕盈。放手之後，心靈將獲得一片自由飛翔的廣袤天空，在瞬間釋放與舒展。有所捨得，才能有所收穫。放得下的人，不僅要放下自己，還要放下周遭所有的一切。放下也並非完全失去自我，而是指不再存對抗心，也不再有捨不得，要隨時隨地對任何事物沒有絲毫的牽掛或捨不得，能如此，才談得上是自在，是解脫。

《菜根譚》有云：「寵辱不驚，看庭前花開花落；去留無意，望天上雲卷雲舒。」這樣的境界才是將一切放下之後能夠感受到的。敢於放下，果斷放下，心裡真正地放下，放下的一剎那，你會感到天地原來如此廣闊，你會發現你的腳步是如此輕盈平穩，你的心房是如此安穩溫馨。

捨下執拗，一切不必太固執

有一條河流從遙遠的高山上流下來，流過了很多個村莊與森林，最後它來到了一個沙漠。它想：「我已經越過了重重的障礙，這次應該也可以越過這個沙漠吧！」當它決定越過這個沙漠的時候，它發現它的河水漸漸消失在泥沙之中，它試了一次又一次，總是徒勞無功。於是，它灰心了：「也許這就是我的命運了，我永遠也到不了傳說中那個浩瀚的大海。」它頹廢地自言自語。

這時候，四周響起了一陣低沉的聲音：「如果微風可以跨越沙漠，那麼河流也可以。」原來，這是沙漠發出的聲音。

小河流很不服氣地回答說：「那是因為微風可以飛過沙漠，可是我卻不可以。」

「因為你堅持你原來的樣子，所以你永遠無法跨越這個沙漠。你必須讓微風帶著你飛過這個沙漠，到達你的目的地。你只要願意放棄你現在的樣子，讓自己蒸發到微風中。」沙漠用它低沉的聲音這樣說。

小河流從來不知道有這樣的事情，「放棄我現在的樣子，然後消失在微風中？不！不！」小河流無法接受這樣的事情，畢竟它從未有這樣的經驗，叫它放棄自己現在的樣子，那麼不等於是自我毀滅了嗎？」「我怎麼知道這是真的？」小河流這麼問。

「微風可以包覆住水汽，然後飄過沙漠，等到了適當的地點，它就把這些水汽釋放出來，就等於變成了雨水。然後，這些雨水又會形成河流，繼續向前進。」沙漠很有耐心地回答。

「那我還是原來的河流嗎？」小河流問。「可以說是，也可以說不是。」沙漠回答。「不管你是一條河流或是看不見的水蒸氣，你內在的本質從來沒有改變。你之所以會堅持你是一條河流，因為你從來不知道自己內在的本質。」此時小河流的心中，隱隱約約地想起了自己在變成河流之前，似乎也是由微風帶著自己，飛到內陸某座高山的半山腰，然後變成雨水落下，才變成今日的河流。

於是，小河流終於鼓起勇氣，投入微風張開的雙臂，消失在微風之中，讓微風帶著它，奔向它生命中某個階段的歸宿。

固執與自我是我們邁向成功的絆腳石。我們的生命歷程往往也像小河流一樣，想要跨越生命中的障礙，達到某種程度的突破，向理想中的目標邁進，也需要有「放下自我（執拗）」的智慧與勇氣，去邁向未知的領域。當環境無法改變的時候，你不妨試著改變自己。只有懂得變通，懂得順應潮流，才能找到一條生存之道。學會轉換思維，靈活地跨越生命中的各種障礙，對一個人的成長是至關重要的。有時不切實際地執拗，是一種愚昧與無知，放棄則是一種智慧。

淡看名利如浮雲，得大自在

人生的境界有高有低，境界高者像一面鏡子，時刻自我觀照，不斷自省；又像一支蠟燭，燃燒自己，澤被四方，更像一隻皮箱，提放自如，得大自在。世事變幻，風雲莫測，緣起緣滅，眾生在歲月的洪流中漸行漸遠，一路鮮花爛漫鳥語蟲鳴，也仍舊無法逃離斗轉星移、滄海桑田的無常。承擔與放下都非易事，都需要勇氣與魄力，而做到提放自如，淡然處之，更非常人所能達成。

一天，山前來了兩個陌生人，年長者仰頭看看山，問路旁的一塊石頭：「石頭，這就是世上最高的山嗎？」

「大概是的。」石頭懶懶地答道。

年長者沒再說什麼，就開始往上爬。

年輕人對石頭笑了笑，問道：「等我回來，你想要我給你帶什麼？」

石頭一愣，看著年輕人，說：「如果你真的到了山頂，就把那一時刻你最不想要的東西給我，就行了。」

年輕人覺得很奇怪，但也沒多問，就跟著年長者往上爬去。

過了好一陣子，年輕人孤獨地走下山來。

石頭連忙問：「你們到山頂了嗎？」

年輕人說：「是的。」

石頭說：「另一個人呢？」

年輕人說：「他，永遠也不會回來了。」

石頭一驚，問：「為什麼？」

年輕人說：「唉，對於一個登山者來說，一生最大的願望就是戰勝世上最高的山峰，當他的願望真的實現了，也就沒了人生的目標，這就好比一匹好馬折斷了腿，活著與死了，已經沒有什麼區別了。」

「他……」石頭說。

「他自山崖上跳下去了。」

「那你呢？」

「我本來也要一起跳下去，但我猛然想起答應過你，要把我在山頂上最不想要的東西給你，看來，那就是我的生命。」

「那你就來陪我吧！」年輕人在路旁搭了個草房，住了下來。

人在山旁，日子過得雖然逍遙自在，卻如白開水般沒有味道。年輕人總愛默默地看著山，在紙上胡亂抹著。久而久之，紙上的線條漸漸清晰了，輪廓也明朗了。後來，年輕人成為一名畫家，繪畫界還宣稱一顆耀眼的新星正在升起。

接著，年輕人又開始寫作，不久，他就以回歸自然、清秀雋永的風格一舉成名。許多年過去了，昔日的年輕人已經成了老人，當他對著石頭回想往事的時候，他覺得畫畫寫作其實沒有什麼兩樣。最後，他明白了一個道理：其實，更高的山並不在人的身旁，而在人的心裡，只有忘我才能超越。

故事中從山上跳下去的那位年長登山者，執著地追求著攀登上世界最高峰的榮譽，而一旦願望實現，他卻不能將之放下，再繼續前行，所以他自認為只有絕路可尋；另一位年輕人原本也有輕生的念頭，但因為不想違背與石頭下的承諾，所以他才有機會了悟真正的禪機——世界上更高的山在人的心裡，收放之間，總能不斷得到提升，只有坦然放下一切名利世俗的牽絆，才能真正提起生命的意義。

能夠放下的人，就是有智慧的人，是自在的人，是解脫的人；能夠提起的人，是慈悲的人，是負責的人，是奉獻的人。提放自如，是經歷了大風大浪之後的大徹大悟，是感悟人生的喜樂哀愁之後的身心空靈，也是一種走到蜿蜒小徑的盡頭之後的豁然開朗，曲徑通幽處，別有洞天。

真正的智者，明白自己該做什麼

暴雨剛過，道路上一片泥濘。一位老婆婆到寺廟進香，一不小心跌進了泥坑，渾身沾滿了黃泥，香火錢也掉進了泥裡。她不起身，只是在泥裡撈個不停。一向慈悲的富人剛好坐轎從此經過，看見了這個情景，想去扶她，又怕弄髒了自己身上的衣服，於是便讓下人去把老太太從泥潭裡扶出來，還送了一些香火錢給她。老太太十分感激，連忙道謝。

一個僧人看到老太太滿身汙泥，連忙避開，說道：「佛門聖地，豈能玷污？還是把這一身汙泥弄乾淨了再來吧！」

瑞新禪師看到了這一幕，徑直走到老太太身邊，扶她走進大殿，笑著對那個僧人說：「曠大劫來無處所，若論生滅盡成非。肉身本是無常的飛灰，從無始來，向無始去，生滅都是空幻一場。」

僧人聽他這樣說，便問道：「周遍十方心，不在一切處。難道連成佛的心都不存在嗎？」

瑞新禪師指指遠處的富人，嘴角浮起一抹苦笑：「不能舍、不能破，還在泥裡轉！」

那個僧人聽了禪師的話，頓時感到無比慚愧，垂下了目光。

瑞新禪師回去便訓示弟子們：「金錢珠寶是驢屎馬糞，親身躬行才是真佛法。身躬都不能捨棄，還談什麼出家？」

心存取捨，則有邪見與妄行；凡成就大事之人，無不是心中存善念。像故事中的富人，捨不得一身皮囊，身價百萬又如何？像故事裡的僧人，捨不得自己的一身衣裳，以佛門清靜地做藉口，何來出家乃至成佛呢？

名利富貴這東西，生不帶來，死不帶去。所以對其執著不忘，實在不宜。

人生的高度應是一份知足的恬然，生命的高度應是能取能捨、當取則取、當捨則捨、善取善捨的那份安然。人們嚮往去取得，並且認為多多益善，然而，「取」的前提必定是先「捨」，只有「捨」，才能「得」。

蚌捨棄安逸，才擁有了孕育珍珠的權利；種子放棄花朵，才擁有了孕育春天的資格。千古豪傑捨家為國，才垂青於史冊；無數仁人志士捨生取義，才有了巍巍中華。取與捨在自然的蕩滌中，展現並昭示了生命的高度。

取，便是一捧清澈的水，只那一捧，便無須再希冀天上的銀河；捨，就是一抖那背上的重負，只那一抖，便使你我得以仰望浩瀚的藍天。但人生在這一取一捨之間，生命便得到無限昇華，並且擁有了自己的高度。

的確，取捨對於人生來說，是至關重要的。魯迅棄醫從文，改變了他的一生，開始了他的文學創作，如果當初他不做出這樣的取捨，他可能只是位醫人治人的醫生而已，成不了一代文豪。

成功的人之所以能成功，是因為他們明白該做什麼，不該做什麼；什麼應該去堅持，而什麼又該捨棄。

取捨之間，並非很容易的事情，應該是：得，要先捨；而捨，則終必得。而捨不捨得，以及怎樣去「捨」，又怎樣去「得」，就全看自己了。

執念太深，不離憂愁與悲苦

菩提達摩來到中國之後，受梁武帝之邀來到了南京。

武帝問菩提達摩：「請問大師，什麼是佛教的最高真理？」

菩提達摩回答：「世間空空的，並沒有什麼最高真理。」

武帝：「那麼，你是誰呢？」

菩提：「不認識。」

菩提達摩口中的「不認識」，一方面可能是謙恭之說，不肯承認自己是聖人；另一方面，則可能是真的不認識自己，不知道自己，還未達到「聖」的境界。世間一切煩惱，皆由有我而起。若能夠體驗到菩提達摩話中的「無我」境界，無論憂愁還是喜悅，一切自然會隨風消散。

常人達不到佛法中「無我」的至高境界，卻也懂得以買醉來求得一時的忘憂。常言道：「借酒消愁愁更愁」，醉酒之時的「忘我」自然不能等同於佛家的「無我」，但是那一刻對自我的遺忘卻是相似的，就像平時我們安慰一個失意之人，總是說「睡一覺就好了」，事實上睡醒後煩惱照舊，而睡夢中卻可獲得暫時的解脫。忘我，是一種刻意而為之的無奈；無我，則是水到渠成的自在。

古代有一個衙役就曾經因為對「我」的過於執著而苦惱不休。

從前有一名和尚犯了法，由一名差役負責押送他到流放地。一路上，差役十分謹慎，生怕犯人會從自己的手裡逃脫。他心思縝密，每次休息時不僅對犯人寸步不離，而且常常清點隨身物品，每次清點都會自言自語：「和尚還在，公文還在，佩刀還在，枷鎖還在，包袱還在，雨傘還在，我也在。」

和尚每每聽到他反覆念叨都忍俊不禁，同時暗暗尋找著逃跑的機會。終於快到目的地了，和尚對差役表示，他對於這一路勞頓頗感不安，想出錢請差役好好吃一頓，以表示自己的感激和歉意，並起誓絕對不會逃跑。這時候因為快要抵達駐地，差役也放鬆了警惕。

在和尚不斷地勸說與奉承下，差役很快地酩酊大醉。和尚便趁機摸來差役的鑰匙，打開了枷鎖，臨逃走之前想起了差役每次的念叨，不由興起，想跟差役開個玩笑，於是用佩刀剃光了他的頭髮，又把枷鎖戴在了他的身上。

差役大醉醒來，吃驚不小。他猛一拍自己的頭，然後又看到了自己身上的枷鎖：「和尚還在！」他頓時釋然，繼而習慣性得清點：「公文還在，佩刀還在，枷鎖還在，包袱還在，雨傘還在，我還……我呢？」

呆傻的差役竟不知所措，逢人就問：「你看見我了嗎？」

差役執著於事物的表象，以至於丟失了自己，他的「無我」是滑稽的，既令自己苦惱，又引得旁人發笑。真正的「無我」雖同樣難以求得，甚至讓人心生抗拒，但一旦體會到了將「我」放下的通透，就能夠達到一種澄明之境。

忘我以致無我，又在無我中做好自己該做的一切，如空中飛鳥，不知空是家鄉；水中游魚，忘卻水是生命，這種無我也許十分荒唐，而在這一刻悟了的人，卻體驗到了其他人看不穿望不斷的紅塵之外的快樂。一切現象因緣所生，變化無常，索性把「我」放下，把「環境」忘記，把「無常」當做常態，自在與快樂便將會緊隨身後。

收穫的代價就是學會放棄

人的精力總是有限的，然而人的欲望卻是沒有底線的，什麼都不願意放棄的人，往往會被欲望沖昏了頭腦。。我們周圍面臨著很多的誘惑，不可能一切美好的事物都歸自己所有。學會放棄的人，才能讓自己過得更加輕鬆、自在。

有一個聰明的年輕人，很想在各方面都比身邊的人強，他想成為一名大學問家。可是，許多年過去了，他的其他方面都不錯，學業卻沒有長進。他很苦惱，就去向一位大師求教。

大師說：「我們登山吧！到了山頂，你就知道該如何做了。」

這座山上有許多晶瑩的小石頭，煞是迷人。年輕人每見到喜歡的石頭，大師就請他裝進袋子裡揹著。

很快地，年輕人吃不消了。

「大師，再揹，別說到山頂了，恐怕連動也不能動了。」他說。

「是呀，該怎麼辦呢？」大師微微一笑：「該放下。不放下的話，揹著石頭怎能登山呢？」大師笑著說。

年輕人一愣，忽覺心中一亮，向大師道了謝，走了。之後他全心研究學問，進步飛快……

經過大師的提點，年輕人心中頓悟，如果要把所有自己喜歡的東西悉數收入囊中，一旦遇到對自己最重要的東西，便會遇上無法承載的處境。可見，要想人生取得更大的成就，就要學會捨得放棄一些對自己來說並不重要的事物。

如今，職場的競爭非常激烈，大學畢業後的小林進入公司工作已經五年了。雖說已經是部門的經理，但是由於新技術、新產品不斷出現，他經常會感到自己的知識結構老化，力不從心。尤其是最近新入職的員工都已經是研究生學歷了，更增加了他的危機感。所以，他也打算讀在職碩士班，提升自己的知識層次。然而，過了半年，他發現自己總是被各式各樣的事情所纏繞。工作之餘，不是有人約他出去唱歌、再不就是各式各樣的聚餐，或是出去旅遊。總之，小林因為疲於應付這類活動，根本抽不出時間來集中精力考研究所的事。時間一晃，又是一年過去了。

小林冷靜下來，認真審視了自己每天的排程，發現自己在無關緊要，甚至是毫無意義的事情上佔用了太多的時間和精力。反倒把應該用於學習的時間給浪費掉了。這讓他下定決心改變現狀，好好用心學習。以免落得一事無成的田地。

時間是最公平的，每個人都擁有一天24個小時。然而，在同樣的時間內，每個人取得的成績差異卻很大。究其原因，對事情的取捨就是其中之一。每個人都可以嘗試著把自己每天的日程表列出來，再看看每天在這些事情上所投入的時間和精力，這可能會讓你大吃一驚。你會發現到，自己竟然在一些毫無意義的事情上佔用了如此多的時間。如果把這些寶貴的時間分配到重要的事情上來，我們可能會取得更好的成績。這就給了我們一個啟發，要放棄一些無關緊要的事情。這裡的放棄是要有選擇性、有目的性地放下一些事情，即所謂的捨得有方。

有捨才會有得。當你收穫了價值更大、更為重要的成果時，你會明白收穫的代價就是學會放棄。

捨去即是擁有，安知失去不是福分

一切都是為自己著想，不肯予利益給別人，天下的好東西恨不得完全歸諸自己一人，管什麼別人的幸福，談什麼別人的安樂，他人的死活存亡都與自己沒有關係……「貪」病就是這樣纏繞到我們的身上。假若懂得了「捨」，見到別人精神或物質上有苦難，總是把自己的幸福安樂利益施捨給人，這樣，「貪」的大病當然就不會發生了。

彭澤少時家貧，苦志勵學，明孝宗弘治三年考中進士，歷官至刑部郎中，後因得罪有勢的宦官，被外放為徽州知府。彭澤的女兒臨當出嫁，彭澤便用自己的俸銀做了幾十個漆盒當做陪嫁，派屬吏送回家中，彭澤的父親見後大怒，立刻把漆盒都燒了，自己揹著行李奔波幾千里來到徽州。

彭澤聽說父親突然來到，不知家中出了什麼大事，忙出衙相迎，卻見父親怒容滿面，一句話也不說。

彭澤見狀，也不敢造次發問，見父親滿面風塵，又揹負行李，便使眼色讓手下府吏去接過行李。

彭澤的父親更是有氣，把行李解下，擲到彭澤的腳下，怒聲道：「我揹著它走了幾千里地，你就不能揹著走幾步嗎？」

彭澤被罵得啞口無言，抬不起頭來，只得揹著行李把父親請進府衙。

彭澤父親進屋後，既不喝茶，也不落座，反而命令彭澤跪在堂下，府中官吏們紛紛上前為知府大人求情，全不濟事。彭澤只得跪在父親面前，卻還不知為了何事。

彭澤的父親責罵彭澤：「你本是清貧人家子孫，如今做了幾天官，就把祖宗家風全忘了，皇上任命你當知府，你不想著怎樣使百姓安居樂業，去學著貪官的樣兒，把宮中財物往自己家搬，長此下去豈不成了禍害百姓的貪官？」彭澤此時方知父親盛怒是為了何事，卻不敢辯解。

府中衙吏替他辯白說東西乃是大人用自己俸銀所買，並非官家錢物。

彭澤的父親卻說：「開始時用自己的俸銀，俸銀不足便會動用官銀，現在不過是幾十個漆盒，以後就會是幾十車金銀。向來貪官和盜賊一樣，都是從小開始，況且府中官吏也是朝廷中人，並不是你家奴僕，你卻派人家跋涉幾千里為自己女兒送嫁妝，這也符合道理嗎？」

彭澤叩頭服罪，滿府官吏也苦苦求情，彭澤父親卻依然怒氣不解，用手拄的拐杖痛打彭澤一頓，然後拾起地上還未解開的行李，逕自出府，又步行幾千里回老家去了。

彭澤受此痛責，之後不但廉潔自守，不收賄賂，而且不再掛心家裡的事，一心一意在府中政務上，當年朝廷審核官員業績，以徽州府的政績最高。彭澤受此庭訓，可稱得上是當頭棒喝，他之後為官一生，歷任川陝總督、左都御史、提督三邊軍務、兵部尚書等要職，都是掌握鉅額軍費，不要說有心貪污，即便按照常例，也可積累一筆十代八代享用不盡的財富。彭澤卻為將勇，為官廉，死後破屋幾間，妻子兒女的生活都成問題。之所以能清廉如此，自當歸功於他父親的教育。

彭澤清廉一世，值得借鑑，只可惜難有人做到。事實上人人都有欲望，這在所難免，但不能把欲望變成不正當的欲求，變成無止境的貪婪。在自己得到幸福的時候，別忘了給予他人幫助，這便是佛家所說的「佈施」。佈施並不是要我們傾盡所有，而是一種依靠「捨」來消除奢求的弊病，讓自己的心胸敞開，而不要因為小名小利而變得心胸狹窄，生活中的許多時候，我們應當換一個角度思考自己的「失去」，需知有捨才有得，安知失去就不是福呢？

卸下捆綁內心的精神枷鎖

唐朝元和年間，白居易出任杭州太守。一次，他去拜見道林禪師。他見道林住在一棵古松樹上，便說：「禪師的住處很危險啊！」

禪師說：「太守更加危險！」

白居易笑了笑，自信地說：「弟子鎮守一方江山，有什麼危險嗎？」

禪師道：「塵世俗務如薪火煎熬，處心積慮，煩惱不休，這難道不危險嗎？」

白居易聞言反思，心有所悟。

白居易說禪師住處危險，是淺層的認識；禪師說太守更危險，是深層的悟覺。道林禪師放下火燎般的世間俗務，居住在樹上，過的是閒雲野鶴、世外高人的生活，他直白的一句就直入位居高官、權勢在手的白樂天的心，讓他警醒慎行。

確實，與外界的傷害相比，內心的折磨其實更加危險，也更加痛苦。每年因疾病而死的人數絕對比因事故死亡的多得多，而疾病的產生絕大部分又與不良情緒有關。在所有的不良情緒中，焦慮又絕對是引發疾病的最重要誘因。

在現實生活中，許多人都深受焦慮的折磨，儘管每個人產生焦慮的原因不同，解決的辦法卻只有一個，那就是「放下」。焦慮如同苦海，佛說，放下就踏上了苦海之岸。

有一個女孩從兩歲時起，就因為父母遠赴他鄉打工。她便與奶奶在相依為命的生活著。後來，女孩考上大學，到千里之外的城市讀書。雖然都市的繁華令人癡迷，她的心裡依然非常牽掛奶奶。

正當她在放寒假準備回家看望老人家的時候，竟得知奶奶因突然生病，已經去世。為了不影響她的學業，父母是在辦完喪事之後，才告訴她的。得知這一消息，女孩頓時覺得天旋地轉。一路心情悲痛的她回到家裡，看到迎接她的不是慈祥的奶奶，而是冰冷的骨灰盒，更是悲痛不已。她一連幾天不吃不喝，不願意與父母交談。在她的內心裡，充滿了對父母的怨恨，恨他們遠離家鄉沒有照顧好奶奶，也恨他們沒有及時通知自己，使她連奶奶的最後一面也沒有見上。她的父母見此情景，心裡更是愧疚不已。

整個假期，小姑娘都沉浸在痛苦之中，與父母之間的感情越加生疏。之後，在很長的時間裡，小姑娘始終無法走出奶奶已經去世的陰影，她腦海裡經常浮現昔日祖孫在一起的幸福時光，晚上也經常做夢，同時也不願與父母溝通交流，甚至都不肯給他們打電話。一年之後，小姑娘再次見到父親的時候，她驚呆了，眼前的父親兩鬢蒼白，一下子老了很多。她突然醒悟到，自己無法忘記悲傷的同時，也正折磨著自己的親人。於是，她終於明白了，放下悲痛，重拾昔日的親情才是通向幸福的途徑。

苦海無邊，當一個人沉浸於痛苦之中時，是看不到盡頭的。往前方眺望，永遠是白茫茫的天際線，回頭望去，同樣只見過往的浪濤，註定是看不到岸的。無際大師給我們指示了一條道路，那就是「放下」。放下就是岸，岸就在你腳下。放下，簡單地說，是一種生活態度。放下，是人生拚搏的另一種境界，它不是消極承受，也絕非放棄人生應有的追求。只有放下，才能卸下捆綁於心的精神枷鎖，從而輕裝上陣。對生活在忙碌緊張、名利纏繞的當代社會的我們而言，在肩上的重擔，在心上的壓力，使我們生活過得艱苦難耐。必要的時候，佛陀指示的「放下」，不失為一條跨越懸崖，朝清朗的幸福天宇飛翔的途徑！

雲飄水流，輕鬆才能寧靜

一名女子提著大包小包，搭了半天的車去參加禪修班。

她對禪師說：「我只是想輕鬆一下，每天工作那麼忙，說實話，我的公司最近效益也不好，想出來靜靜心，讓自己快樂一點。」

禪師說道：「心魔在己身。一切的根源皆在於施主想要的太多，想放的太少。我年輕的時候，看到一位農夫挑著滿滿的柴火向前走，他走得很辛苦，很艱難，我看得很替他心疼。那個人雖然已經有了柴火，但是在回家的路上，看到地上的樹枝什麼的還是往身上放，兩隻眼睛不往前看，只盯著自己的腳下，正因如此，那個人撞到了很多人，路人對他很是不滿，而他自己一路走來，柴火越來越重，臉上的表情也越來越複雜。一般人能有那麼多的柴火一定很高興，可他卻愁眉苦臉。後來，在快到家的時候，他再也走不動了，倒在家門口，而身上的柴火也撒了一地，被到處亂跑的貓狗都踩斷了。如果他能放下多餘的柴火，那他走的肯定不會那麼累，心情肯定也會很舒暢。世人之所以感到內心浮躁，得不到安寧與快樂，其實是與那個人一樣，只知道一味的拿，而不懂得放下。」

禪師的一席話讓人有茅塞頓開之感，令人耳目一新。的確，現代人心事太多，心情太重，每天起早貪黑，追逐著那些鮮豔奪目的美麗，就像那個揹柴人一樣。即使走路，也是兩眼只注視腳下，希望能獲得更多的柴火，結果負擔越來越重，到頭來，身體和精神被全部壓垮，又哪裡能獲得身心的安寧與快樂？

王陽明說：「雲飄水流，心外無物。」心外無物，才能如同寧靜的河流一般，在水波蕩漾之間，領略黃昏時分的絢爛景色，而這也正是所謂「放下」的真正含義。

一隻蝗蟲對青蟲說：「我今天很難受。」

青蟲問道：「是不是生病了？」

蝗蟲說：「病倒沒生，只是早上吃得太多了，現在肚子脹脹的，飛也飛不起來了。你有什麼好辦法能幫幫我嗎？」

青蟲想了想，說：「要不我陪你走走？」

於是，青蟲帶著蝗蟲在四周走了幾圈，但是蝗蟲還是覺得很難受，此時牠的肚子開始疼了起來，牠躺在地上，嗷嗷亂叫。

青蟲很同情蝗蟲，便去請教自己的父親。

青蟲的父親來到蝗蟲面前，說道：「哎呀，為什麼那麼貪吃呢？不吃那麼多，不就沒事了嘛！」

「爸爸，你快想個辦法救救牠吧！」青蟲在一旁喊道。

「我看只有一個辦法了。」說著，牠要求蝗蟲張開嘴巴，接著拿著一根草在蝗蟲的嘴裡搔了搔，沒一會，蝗蟲便吐出一大口黑黑的東西來。吐完後，蝗蟲舒了一口氣，頓時覺得神清氣爽，渾身舒服極了。

青蟲的父親叮囑道：「以後別猛吃東西了，否則肚子可是會爆掉的。」

蝗蟲因為貪吃而導致身體不適，而在現實生活中，人們因為需求得太多，以至於煩惱和負擔始終揮之不去。不要去抱怨別人比自己快樂，比自己瀟灑，比自己活得輕鬆寧靜，應該先看看別人是如何控制自我。事實上，每一個內心寧靜的人，都是懂得放下之人。「放下」不是單純的放棄，是為了最終的獲得。這種得到是去糟粕而存精華。外在的「物」太多，而人生的痛苦就在於「身為物役」、「心為內困」，因此放下才能安享心的寧靜。

人生是場大火，只能選擇一部分搶救

選擇了事業，也許放棄愛情；選擇了工作，也許要放棄深造學業；選擇了出國，也許要放棄更多更珍貴的……人生就是這樣，在選擇堅持什麼的同時，你也選擇了放棄另外一些東西。人往往就是因為捨不得放棄，選擇才會變得異常痛苦，人生才會變得異常沉重，甚至因為不堪重負而過早衰亡。

我們往往在看一部電視劇的時候，會被某個情節感動地流淚，不是因為其中的男女主人翁歇斯底里的哭喊而掉淚，而是因為在關鍵時刻必須做出痛苦抉擇而掉淚。因為有抉擇就會有捨棄，捨棄之所以痛苦是因為誰都不想失去，所以痛苦萬分。但人生必須做出抉擇，很多時候美的事情總不能兩全，所以選擇了也就代表放棄了，人生因選擇而痛苦，卻因選擇而讓人更加明朗。

選擇是一個痛苦的過程，有時候拿起菜單，我們會看著每一道菜的名字卻不知該吃什麼，總怕點了之後不合心意，或者吃了這個錯過了那個，深怕自己錯過最好吃的那一道。於是看來看去還是不知道該如何抉擇。人生也如功能表一樣，它擺放著很多選擇，讓人總覺得難以抉擇，因為有所選擇就會有所捨棄，選擇的過程也是一個放棄的過程，所以人總會不斷地權衡，不斷地掙扎。

近年來風行一種水上運動，叫做立式划槳板，如果你有很好的平衡感，在一支槳的幫助下，兩腳踩進一艘長兩公尺，寬一公尺半的船上，便可以享受和八仙過海一般，行走於湖面的奇特體驗，甚至可以「走」入湍流。然而這種運動並不是誰都能玩的。初學者除了要有良好的平衡感之外，還需要一位可靠的教練和一件救生衣，否則會很容易失去平衡而跌落水中，此時你必須迅速讓雙腳與船分離，否則後果不堪設想，至於要站起來的時候，也要有嫻熟的訓練和技巧。

這很容易讓人想起一句古話：「腳踏兩條船」。詞典中的解釋是：兩邊都占著，以觀測風向，也指搖擺不定。大概在有這種說法的時候，人們就已經認定「腳踏兩隻船」是不太可能的，更是不可取的。然而，古往今來，「腳踏兩條船」的人仍然不絕如縷。最典型的就是男女戀愛時，假如碰到兩個條件相仿的對象，卻又一時割捨不下的話，就同時與兩個對象約會，到最後剪不斷，理還亂，一旦穿幫，其結果往往是雞飛蛋打，兩頭空。

人生旅途上，有山有水，有風有雨，有所得也必有所失。有時，人生就像一場大火，我們每個人唯一可做的，就是從這場大火中多搶救一點兒出來，並不一定去細細選取哪個最貴最美。

不棄鮮花的絢麗，難得果實的香甜

很多人在誘惑面前停下了自己的腳步。面對層出不窮的誘惑，很多人忘記了自己的方向，在漩渦中糾纏不止、平庸一生。

人生的「口袋」只能裝載一定的重量，人的前進行程就是一個不斷捨棄的過程。沒有捨棄，我們可能被包袱壓死在前進的途中。

拉斐爾十一歲那年，一有機會便去湖心島釣魚。在鱸魚釣獵開禁前的一天傍晚，他和媽媽便提早來釣魚。他把誘餌安裝完畢後，便將漁線一次次甩向湖心，湖水在落日餘暉下泛起一圈圈的漣漪。

忽然釣竿的另一頭沉重起來。他知道一定有大傢伙上鉤，急忙收起漁線。終於，孩子小心翼翼地把一條竭力掙扎的魚拉出水面。好大的魚啊！是一條鱸魚。

月光下，魚鰓一吐一納地翕動著。媽媽打亮小電筒看看表，這時已是晚上十點——但距離允許釣獵鱸魚的時間還差兩個小時。

「你得把牠放回去，兒子。」母親說。

「媽媽！」孩子哭了。

「還會有別的魚的。」母親安慰他。

「再沒有這麼大的魚了。」孩子傷感不已。

他環視了四周，已看不到一個魚艇或釣魚的人，但母親堅決的表情讓他知道心意已決。

暗夜中，那條鱸魚抖動著笨大的身軀，慢慢游向湖水深處，漸漸消失了。

這是很多年前的事了，後來拉斐爾成為紐約市著名的建築師。他確實沒再釣到那麼大的魚，但他卻為此終身感謝母親。因為他透過自己的誠實、勤奮、守法，獵取到生活中的大魚——事業上成績斐然。

曾有人寫過這樣一首小詩：

不捨棄鮮花的絢麗，就得不到果實的香甜；

不捨棄黑夜的溫馨，就得不到朝日的明豔。

自然界是這樣，人生也是這樣，在幾十年的漫漫旅途中，有捨棄「絢麗」和「溫馨」的煩惱，也有獲得「香甜」和「明豔」喜悅，人生就是在捨棄和獲得的交替中得到昇華，從而到達高層次的大境界。從這個意義上來說，獲得很美麗，捨棄也很美麗。

有人說，人生之難勝過逆水行舟，此話不假。人生在世界上，不如意的事情占十之八九，獲得和捨棄的矛盾時刻困擾著我們，明白了捨棄之道和獲得之法，並運用於生活，我們就能從無盡的繁難中解脫出來，在人生的道路上進退自如，豁達大度。

一位哲人說過，人生最遠的距離是「知」和「行」。有捨棄才有獲得，道理誰都懂得，可是要照著去做，那可就不容易。不容易在哪裡？外面的世界很精彩，捨棄很痛苦。精彩的世界裡充滿著誘惑，要捨棄的事情有時很美麗，不知道哪些是該獲得的，哪些是該捨棄的。

生活在塵世中的人們，有一個可怕的心理，就是「終朝只恨聚無多」，做什麼都想贏，捨棄談何容易？縱觀社會，橫看人生，有撐死的，也有餓死的；有窮死的，也有富死的；有能死的，也有窩囊死的；有因禍得福的，也有因福得禍的，如此等等，不一而足。何時該獲得，何時該捨棄，真是很困難，天下沒有放諸四海而皆準的真理，只有根據此時、此地、此情、此景去綜合考慮。

患得患失，只是徒增煩惱

我們自認為行走於世上時，自己擁有了很多，實際上卻時有時無，如果擁有反而成了一種負擔，還不如捨棄。

宋代詞人辛棄疾有一句名言：「物無美惡，過則為災。」想擁有，是因為佔有欲在作怪，如果捨得放棄，就不會有痛苦的心境。生活就是如此，有時，痛苦和煩惱不是由於得到太少，反而是因為擁有太多。擁有太多，就會感到沉重、煩惱，而且害怕失去。

擁有是一種簡單原始的快樂，擁有太多，就會失去最初的歡喜，變得越來越不如意。

有一位窮人向禪師哭訴：「禪師，我生活得不如意，房子太小、孩子太多、太太性格暴躁……您說我應該怎麼辦！」

禪師想了想，問他：「你們家有牛嗎？」

「有。」窮人點了點頭。

「那你就把牛趕進屋子裡來飼養吧！」

一個星期後，窮人又來找禪師訴說自己的不幸。

禪師問他：「你們家有羊嗎？」

窮人說：「有。」

「那你就把牠放到屋子裡飼養吧！」

過了幾天，窮人又來訴苦。禪師問他：「你們家有雞嗎？」

「有啊，而且有很多隻呢！」窮人驕傲地說。

「那你就把牠們都帶進屋子裡吧！」

於是，窮人的屋子裡便有了七八個孩子的哭聲、太太的呵斥聲、一頭牛、兩隻羊、十多隻雞的聲響。

三天後，窮人受不了了！他再度找到禪師，請他幫忙。

「把牛、羊、雞全都趕到外面去吧！」禪師說。

第二天，窮人來看禪師，興奮地說：「太好了，我家變得又寬又大，還很安靜呢！」

只有生活在寧靜的狀態下，才有心情欣賞世界可愛的一面，體會別人的人情道義和善良，才有機會享受真正屬於自己的人生。窮人的煩惱，不是源自房子太小，也不是因為孩子太多，更不是因為太太的性格暴躁，而是因為他擁有太多，且又不捨得放手。

有時候壓力是自己施加給自己的，就像這位窮人，想掌控的太多，卻又無力承擔，這時擁有就會成為負擔。將心放寬，將壓力釋放出去，自然會得到心內外的寬敞空間。

人生有得就有失，得就是失，失就是得。所以，人生最高的境界，就是該放下放下，該提起就提起，因此也就無得無失。但是人們都是患得患失，未得患得，既得患失。明智的做法是學會放棄。放棄是一種境界，大棄大得，小棄小得，不棄不得。

人生在世，有許多東西是需要不斷放棄的。在仕途中，放棄對權力的追逐，隨遇而安，得到的是寧靜與淡泊；在淘金的過程中，放棄對金錢無止境的掠奪，得到的是安心和快樂；在春風得意、身邊美女如雲時，放棄對美色的佔有，得到的是家庭的溫馨和美滿。

能夠做到坦然放手，一無所有之時，心態自然能夠得到調和——已經一無所有，又何必擔心會失去呢？去掉過於沉重的包袱，不害怕失去，即使在喧囂的都市中，我們也能獲得一份心靈的寧靜，在那裡，看生命在谷底與波峰之間起伏，看心情在陰霾與晴朗之間兜轉，感受春日暖陽，也體驗冬季嚴寒。這一切，無不精彩，無不豐富。

看得破才懂得量力而行

在這個世界上，我們每個人每天同樣擁有二十四小時，有的人活得很愜意，有的人卻過得很苦惱。如何隨性灑脫生活？星雲大師為困惑中的人們指明了正確的方向：「對感情要不執不捨，對五欲要不拒不貪，對世間要不厭不求，對生死要不懼不迷。」

「幸為福田衣下僧，乾坤贏得一閒人；有緣即住無緣去，一任清風送白雲。」這是百丈懷海禪師寫的一首禪詩。在乾坤天地之間，有一個清閒自在的人，沐浴陣陣清風，仰觀縷縷白雲，隨性而來，隨緣而去，多麼瀟灑自在！此中情境，令人嚮往。

什麼是真正的自在？

看看呱呱墜地的嬰兒，生下來都是兩手緊握，彷彿想要抓住些什麼；看看垂死的老人，臨終前都是兩手攤開，撒手而去。命運是何等的弄人？當他雙手空空來到人世的時候，偏讓他緊攥著手；當他雙手滿滿離開人世的時候，又偏讓他撒開手。

既然如此，不如將一切放下。

唐代有一位豐幹禪師，住在天臺山國清寺。一天，他在松林漫步，山道旁忽然傳來小孩啼哭的聲音，他尋聲望去，原來是一個稚齡的小孩，衣服雖不整，但相貌奇偉，問了附近村莊人家，沒有人知道這是誰家的孩子。

豐幹禪師不得已，只好把這男孩帶回國清寺，等待人家來認領。因為他是豐幹禪師撿回來的，所以大家都叫他「拾得」。

拾得在國清寺安住下來，漸漸長大以後，上座就讓他做行堂（添飯）的工作。時間久後，拾得也交了不少道友，其中一位名叫寒山的貧子，與他相交最為莫逆。因為寒山貧困，拾得就將齋堂裡吃剩的飯用一個竹筒裝起來，給寒山揹回去。

有一天，寒山問拾得說：「如果世間有人無端地誹謗我、欺負我、侮辱我、恥笑我、輕視我、鄙賤我、惡厭我、欺騙我，我要怎麼做才好呢？」

拾得回答道：「你不妨忍著他、謙讓他、任由他、避開他、耐煩他、尊敬他、不要理會他。再過幾年，你且看他。」

寒山再問道：「除此之外，還有什麼處世祕訣，可以躲避別人惡意的糾纏呢？」

拾得回答道：「彌勒菩薩偈語說——老拙穿破襖，淡飯腹中飽，補破好遮寒，萬事隨緣了；有人罵老拙，老拙只說好，有人打老拙，老拙自睡倒；有人唾老拙，隨他自幹了，我也省力氣，他也無煩惱；這樣波羅蜜，便是妙中寶，若知這消息，何愁道不了？人弱心不弱，人貧道不貧，一心要修行，常在道中辦。如果能夠體會偈中的精神，那就是無上的處世祕訣。」

有人謂寒山、拾得乃文殊、普賢二大士化身。臺州牧閭丘胤問豐幹禪師，何方有真身菩薩？告以寒山、拾得，胤至禮拜，二人大笑曰：「豐幹饒舌，彌陀不識。」意指豐幹乃彌陀化身，惜世人不識。說後，二人隱身岩中，人不復見。胤遣人錄其二人散題石壁間詩偈，今行於世。

寒山、拾得二大士不為世事纏縛，灑脫自在，其處世祕訣確實高人一等。

人生如水，去如苦多。在短短的人生之旅中，人人都有所求，有的人求富貴滿堂，即得滿足；有的人求福如東海，深得幸福；有的人求無上智慧，最是得意；有的人求萬事如意，甚為歡喜。如果就表面看來，他們所求各不相同，但萬涓細流，會聚成海，歸根結柢，他們所求的仍然是快樂。

內心的快樂才是永遠。生活本身是很簡單的，快樂也很簡單，只是人們把它想得很複雜了，或許是我們本身太複雜了，所以往往感受不到簡單的快樂。如果我們能努力地放下沉重的包袱，不為貪婪所誘惑，量力而行，如此一來，人生自然也便會輕鬆快樂起來。

生活對於每個人來說，蘊藏著無限的哲理與深意，它就像一本書，只有用心去讀，才能品味到生活中的學問。只有駕馭生活中的真理，眼光才能看得更遠，深知生活中的訣竅，才能活得越自在，越灑脫。生活閃現著智慧與學問，只有用心去領悟，才能體驗到自在的真諦。

如何得到，便如何失去

《聖經》中有一句話提到：「人降臨世界的時候，手是合攏的，似乎在說：『世界是我的。』他離開世界的時候手是張開的，彷彿在說：『瞧啊，我什麼都沒有帶走。』」是的，其實人生就是一連串取捨的過程，有取就有捨，有捨才有得。魚和熊掌不可得兼，懂得取捨，是人生的一種境界。

有兩位禪師是同門師兄弟，都是開悟了的人，一起外出行腳。

從前的出家人在肩上揹著一個鏟子。這個鐵鏟有兩個用處，一個是可以隨時種植生產，帶一顆馬鈴薯，把馬鈴薯入土中，不久便生長出新的洋芋，有食物可以果腹，不用化緣了。另一個用途是，如果在路上看到死去的生物可以把牠埋葬起來。

一天，這倆師兄弟在路途中看到一個死人，一個挖土把屍體埋掉；一個卻揚長而去，看都不看。有人去問他們的師父：「您兩個徒弟都開悟了，我在路上看到他們，兩個人表現卻並不一樣，究竟哪個對呢？」

師父說：「埋他的是慈悲，不埋的是解脫。因為人死了最後都會變成泥巴，擺在上面變泥巴，擺在下面也變泥巴，都是一樣，所以說，埋的是慈悲，不埋的是解脫。埋也對，不埋也對，取也對，捨也對。」

取到多少，就會捨掉多少。有時候，取捨是由個人主觀意志所決定。例如弘一大師，他捨去了世俗婚姻家庭，得到了佛法的博大精深；捨掉了紅塵愛恨嗔癡，得到了心靈的圓滿平靜。這取捨，是由他自己做主的，心甘情願。而有些時候，取捨是不知不覺間命運的安排。《笑傲江湖》中，令狐沖被師父罰到後山面壁思過，因而失去了與小師妹朝夕相處的機會。恰巧林平之到來，令狐沖在師妹心中的重要地位自此被林平之所取代，而正是由於這次面壁思過，使他發現了石壁後的祕密，自此逐漸走向了武學大道。

現實生活中，取捨比比皆是，而很多取捨，並非命運所定、無法擺脫。諸多的取捨，還是掌握在我們自己手中的。

商人重利輕別離，捨掉家庭的和諧美好，用孤寂繁忙得來苦苦追逐的利益，這是商人的取捨；玄武門李世民殺兄弑弟得到皇位，這是政治家的取捨；荀巨伯在盜賊入關時寧死不棄朋友、程嬰忍受世人誤解唾罵撫養趙氏孤兒，這是君子的取捨；朱自清寧願餓死不領美國救濟糧、魯迅棄醫從文喚醒渾渾噩噩的國民大眾，這是愛國者的取捨……。

生活中的諸多選擇是非常沉重的。因為我們作出一種選擇，在得到的同時就意味著捨棄一些別的東西，一旦放棄，往往意味著不再擁有。如何面對人生中的取與捨呢？俄國作家奧斯特洛夫斯基曾說：「人最寶貴的是生命，生命只屬於我們一次。人的一生應當這樣度過：當他回首往事的時候，他不因虛度年華而悔恨，也不因碌碌無為而羞恥……這樣，在他臨死的時候，他就能夠說：『我整個的生命和全部的精力，都獻給了世界上最壯麗的事業——為人類的解放而鬥爭！』」或者取，或者捨。當我們回憶往事的時候，不會為自己的取捨感到後悔，這樣的取捨便是正確的、值得的。

CHAPTER 06

謝忱生活即修行

都市身心靈感恩課

忙碌的日子裡，封閉以及疲憊的身心，讓一聲「謝謝」成了奢侈，父母的惦記、家人的關懷都成了理所當然。其實生活充斥的不僅僅是忙碌，它更是一首動聽的歌，需要以感激充當歌詞。只要心存感激，每個人都是一朵花。當清晨打開窗戶的那一刻，感激上天賜予你明媚的陽光；當黑夜來臨的時候，感激繁星點綴著美妙的星空。生命因為懷抱著一顆感恩的心而光彩熠熠。因為感恩，人與人之間的距離越來越近；因為感恩，世界變成了愛的海洋。

來自生活的點滴都是生命的禮物

人的最大煩惱之一就是斤斤計較，哪怕是生活中一點小小的瑣事也常常讓我們煩心，有人不小心刮花了我們新買的愛車，擁擠不堪的公車上有人踩到了我們的腳，諸如此類的。於是，即使別人一再道歉，仍然足以破壞了我們本來愉悅的心情，所以本該快樂充實的一天就因小事消磨掉了，結果我們這一天過得就非常鬱悶，似乎事事都不順心。其實，只要稍微一轉念，便能夠茅塞頓開。

瑪莎曾在慈愛會中與廣為美國人所敬愛的德蕾莎修女共處三十多年。從她下面講述的故事裡，可以看出德蕾莎對待人生的態度：

一次，當我做完彌撒，和德蕾莎院長談到人世間諸多的困難挫折時，她對我說：「其實，世上的艱難困苦何嘗不是俯拾皆是，但如果我們視其為上天恩賜的禮物，那麼人們周圍便會減少幾許悲觀，平添些許快樂……」

不久之後，我和德蕾莎院長搭乘飛機去紐約。飛機起飛前發現了故障，被迫停飛。當時，我感到失望和沮喪，但想起了德蕾莎院長曾說過的話，便這樣對她說道：「院長，我們今天得到了一份『小禮物』——我們得待在這兒等四個小時，您不能按計劃趕回修道院了。」

德蕾莎修女聽完我的話，微笑著看了看我，然後便安然地坐下來，拿出一本書，靜靜地讀了起來。

從那以後，每當我在生活中遇到磨難與挫折時，便會用這樣的話語來表達——「今天我們又得到了一份禮物」、「嘿，這可真是個特殊的大禮物」……這些話語發揮了神奇的效果，往往就在不經意間，困頓難釋的心境變得開朗，莫名的煩惱也消失不見，連微笑也會在言談間悄悄爬上臉頰……

特雷莎修女心懷感恩之心。即使生活中的小麻煩，也將其視為一份禮物來對待，保持了一個平和的心境。對待感恩是一種積極的生活態度。美國猶太教哲學家赫舍爾說：「世界是這樣的，面對著它，人意識到自己受惠於人，而不是主人身分；世界是這樣的，你在感知到世界的存在時，必須做出回答，同時也必須承擔責任。」

我們每個人從呱呱落地到長大成人的過程中，凝聚了無數人的心血，其中最重要的有父母、祖父母、外祖父母等直系親屬，還有許多老師、朋友、同學、同事，以及無數擦肩而過的陌生人，哪怕這些人只是在我們蹣跚學步時，將跌倒的我們扶起；在擁擠的公車上，為我們讓了一個座位，僅此而已。在激烈變化的生命歷程中，當我們面臨越來越多的不快與磨難時，充斥我們內心的往往是抱怨、不滿、牢騷，彷彿整個世界的人都對不起我們。我們以為全世界都應該圍繞著我們轉，唯我獨尊，唯有如此才是理所應當。在這樣的過程中，我們已經在無經意間丟掉了那份感恩的愉悅、感恩的充實，我們便逐漸發現生活中似乎已經沒有什麼值得開心的事情。

究竟是生活對於我們過分苛刻？還是我們看待事物的態度出了問題？如果我們都能夠像德蕾莎修女所講的那樣，真誠地感謝生活，將磨難當做命運的祝福，那麼我們的人生就會減少很多不必要的煩惱，生活得更加輕鬆、澄澈明亮。

感恩是一門快樂生活的哲學，感恩是一種歌頌生活的態度，它來自對生活的接受、熱愛與自信。只有學會寬容、理解，學會用感恩的眼光來看待生活的點滴，生活中才會少一點煩惱，多一點快樂，少一個敵人，多一個朋友。即使遭受到誤解或者傷害，心懷感恩之心就能彌補誤會的傷口，成功的路上才能多一分支持、多一些希望。懂得感謝生活，生活便賜予你燦爛的陽光，否則，你可能將一無所有！

發現擁有的快樂，並對擁有的一切充滿感激

一位教授到波士頓一所幼稚園參觀。他決定在課堂上隨便問幾個問題，訓練一下孩子們的語言表達能力。

教授說：「感恩節快到了，孩子們，你們可不可以告訴我，你們將要感謝什麼呢？」

老師讓孩子們思考了一會兒，然後開始點名。

「琳達，你要感謝什麼？」

「我的媽媽天天很早起來給我做早飯，我想，我在感恩節那天一定要感謝她。」

「嗯，不錯。彼得，你呢？」

「我的爸爸今年教會了我打棒球，所以我特別想感謝他。」

「嗯，能打棒球了，很好！瑪麗呢？」

「無論是上學還是放學，學校的守門人總是微笑地看著我們來來往往。雖然她自己很孤單，沒有多少人關心她，但她卻把關懷的微笑送給我們每一個孩子。我要在感恩節那天給她送一束花。」

「很好！傑克，輪到你了。」

「我們每年感恩節都要吃火雞，大大的火雞，肥肥的火雞，大家都非常愛吃。人們只是大口大口地吃火雞，卻從不想一想火雞是多麼的可憐。感恩節那天，會有多少隻火雞被殺掉呀……」

「能不能說得簡短一些？你的重點是？」

傑克向四周望了一眼，然後，胸有成竹地說：「我要感謝上帝，感謝他沒有讓我變成一隻火雞。」

上帝給每一個人的都一樣多，我們必須學會滿足。像故事中的孩子們一樣，他們為自己所擁有的感到快樂，並由衷地向給予者表達感恩之情。只有我們對已有的一切充滿感激，並且享受它，快樂便能夠觸手可及。

一位著名的女高音聲樂家，僅僅三十多歲就已經紅得發紫，譽滿全球。她擁有溫柔體貼的丈夫和活潑可愛的兒子。

一次，她到鄰國開獨唱音樂會，這場表演的入場券早在一年以前就被搶購一空。當晚的演出受到了極為熱烈的歡迎。演出結束後，這位聲樂家和丈夫、兒子從劇場裡走出來的時候，一下子被早已等候在那裡的觀眾團團圍住。人們七嘴八舌地與聲樂家攀談著，其中不乏讚美和羨慕之詞。有的人恭維聲樂家大學剛剛畢業就開始走紅，進入了國家級的歌劇院，成為扮演主要角色的演員；有的人恭維歌唱家二十五歲時就被評為世界十大女高音歌唱家之一；也有的人恭維歌唱家有個腰纏萬貫的公司老闆丈夫，膝下又有個活潑可愛的小男孩……

人們議論的時候，這位聲樂家只是在傾聽，並沒有表示什麼。當人們把話說完以後，她才緩緩地說：「我首先要謝謝大家對我和我家人的讚美，我希望在這些方面能夠和你們分享快樂。但是，你們看到的只是一個方面，還有另外的一個方面沒有看到。那就是你們誇獎的活潑可愛、臉上總帶著微笑的小男孩，其實是一個不會說話的啞巴；而且，在我的家裡，他還有一個姐姐，是需要長年關在裝有鐵窗的房間裡的精神分裂症患者。這些都是我們完美的外表之下，不完美的東西。」

聲樂家的一席話，讓人們震驚得說不出話來，大家你看看我，我看看你，似乎很難接受這樣的事實。這時，歌唱家又心平氣和地對人們說：「這一切說明什麼呢？恐怕只能說明一個道理，那就是我們擁有的已經很多，我們唯有對現有的一切身懷感謝心，才是真正應該做的。」

因為懂得，所以慈悲；因為懂得，所以感恩。一個健全人的痛苦也許和一個殘疾人的痛苦是相同的，假如他們都丟失了感恩和平靜的心。一顆感恩的心就足以讓不完美的生活完美化、幸福化。

寬心惜福，一切皆在感激之中

生活的本身充滿各式各樣的意外，這些意外往往導致我們對人生失去希望，從而怨恨社會與自己。實際上，生活的本質就是教導我們去接受，去愛護。去珍惜每一刻的時光，將不幸視為幸福的前哨戰。感恩是愛的根源，也是快樂的源泉。如果我們對生命中所擁有的一切能心存感激，便能體會到人生的快樂、人間的溫暖以及人生的價值。班尼迪克特說：「受人恩惠，不是美德，報恩才是。當他積極投入感恩的工作時，美德就產生了。」

韋利是一個患有先天性心臟病的小男孩，但他開朗活潑，和所有的人都能成為朋友。正是因為他的樂觀和快樂，很少有人知道他是一個可能隨時離開人世的高危險病人。

韋利有早起晨練的習慣，儘管醫生不讓他做高強度和劇烈的運動，但是韋利還是願意早起看看太陽，看看一天的開始是如何的美麗。

那是一個薄霧和輕煙籠罩的早晨，韋利走到城市中央廣場的時候，發現一個人倒在地上，臉色發紫、呼吸微弱，顯然他正處於危險之中。韋利早已知道心臟病發作時的痛楚，他對這個陌生人的痛苦感同身受。四周很靜，真正晨練的人一般不會來這裡，而韋利知道自己一個人無論如何也扶不起地上這個身材高大的人，怎麼辦？時間來不及了，韋利顧不上醫生的警告，俯身拉起他的衣服。就這樣，十二歲的韋利用盡全身力氣，一點點地把這個人在地上拖行了兩百公尺。終於有人發現了他們，韋利只說了「快送他去醫院」，便昏倒在地。

韋利醒來後看到的是陌生人一臉的關切和自責，他說自己因貪杯醉倒在街頭，如果不是韋利救了他，醫生說他會凍死在那裡。

陌生人愧疚地說：「對不起，醫生告訴我心臟病差一點就要了你的命，你是在拿你的命救我。真不知道該如何感謝你！」

韋利笑著說：「我現在沒事了，你也沒事了。這就是最好的感謝！」

陌生人堅持要報答韋利。

韋利想了想，說：「我真的不需要你報答什麼，只希望你能像我救你一樣，盡自己的所能，去救助比自己的處境還要差許多的陌生人，我想這就足夠了。」

許多年過去了，韋利活過了比醫生當初預言長數倍的時間。他還是和以前一樣樂觀，並且真誠地對待每一個人，在別人需要的時候盡自己所能幫助別人。

然而在一個冬天的早晨他的病終於將他擊倒。當時韋利正在一個很偏僻的地方散步，忽然感到心口一陣劇烈的疼痛，韋利掙扎了幾下，終究不支倒地。

當韋利醒來時，發現自己躺在醫院裡，身邊站著一個十幾歲的男孩，正瞪著一雙大眼睛關切地看著他。

韋利很感激地握住男孩的手說：「謝謝你，孩子，你救了我。你是怎麼發現我的？」

男孩很開心的樣子：「我早上要去爺爺家陪他，正好路過那個地方，看到你躺在地上，我就想起了爺爺說，他年輕的時候被一個和我一樣大的男孩救起的事。我想我也一定能夠做到，於是，趕緊叫來了救護車，我回去後一定要告訴爺爺這件事。因為他告訴我，要盡力幫助每一位需要幫助的陌生人，我今天做到了。」

韋利不知道該如何形容自己的心情，一次對人施與援手，竟會得到一生受用不盡的恩惠。

對生活懷有感恩之心的人，即使遇到再大的災難，也能熬過去。感恩者遇上災禍，也能變成逢凶化吉；常常滿懷抱怨的人，即使遇上幸福，也不容易感到快樂。向他人表達感激的言辭並不止「謝謝」二字，但如果你連這兩個最簡單的字都不願說出口，別人怎麼會知道你的感激之情？雖然伸出援助之手的人的初衷不是為了得到這兩個字，但這兩個字如果是由你真心誠意說出口的話，對方聽了還是會很受用，並且會認為你是個真誠的人，在今後的日子裡，也樂意與你交往。

樂觀地面對生活，無論它給了你什麼

幾十年前，有一位身有殘疾的美國人，家中遭了小偷，損失了一些財物，一位朋友寫信來安慰他，他卻回信說：「謝謝你的來信，但其實我現在心中很平靜，因為：第一，竊賊只偷去我的東西，並沒有傷害我的生命；第二，竊賊只偷走部分財物，所幸並非我所有財產；第三，還好是別人來偷我的，而不是我做賊去行竊。」就是這樣的樂觀態度，讓這位殘障人士遇到任何事情，都能以正面的態度來應對，進而在日後締造出了不凡的成就，你猜出他是誰了嗎？他，就是美國第三十二任總統——羅斯福（一八八二～一九四五年）。

羅斯福的開闊心胸和博大胸懷，讓他正面樂觀，始終對人生心存感恩之情，最終成為美國歷史上受人尊敬的偉人。試想一個遭了小偷的人，竟可以針對這麼倒楣的事，而想出三點「不幸中的大幸」來感恩一番，我們又有什麼理由常常唉聲歎氣呢？偉人的樂觀思想，就是他後來能成為偉人的主要原因。

西方諺語說：「如果斷了一條腿，你就該感謝上帝不曾折斷你兩條腿；如果斷了兩條腿，你該感謝上帝不曾折斷你的脖子；如果斷了脖子，那也就沒什麼好擔憂的了。」樂觀地面對你的生活吧！這個諺語把人生遭遇到的極端挫折列舉出來，讓我們意識到人生其實沒有什麼無法超越的。

一位年輕的高中女教師，本來有著令人豔羨不已的生活，高學歷、穩定的工作、美麗的外表、甜蜜的愛情。然而一場突如其來的車禍改變了她的一切。在一次與同事開車出遊的旅途中，她所搭乘的車遭到對向疾馳而來的卡車猛烈撞擊，造成了慘烈的結果。另外兩名同事當場死亡，她雖然保住了一條命，但卻變成了半身癱瘓。飛來橫禍完全改變了她的生活，未婚夫離她而去，工作無法勝任，生活無法自理。周圍羨慕的眼光一下子轉為同情、憐憫的視線。

在經過了內心半年的掙扎後，她終於承認了這個事實，並且下決心開創自己輪椅上的精彩人生。她憑藉著聰明才智和樂觀豁達的精神，繼續鑽研學術，先後發表了數篇有影響力的學術論文，同時在家人的協助下，廣泛參與殘疾人活動的組織活動，很快成為了當地殘疾人協會的主要負責人。記者前來採訪她，詢問是什麼樣的力量，鼓舞她重新鼓起人生的風帆時，她淡然一笑，回答道：「因為我覺得比起另外兩位死去的同事，我還是幸運的，上天只是奪去了我的雙腿，祂留給了我清醒的頭腦和周圍一直幫助我、鼓勵我的家人、朋友。我沒有理由從此委靡不振！」

人生難免遭遇到坎坷，並不是我們人生的全部。當你看到生活中有諸多不如意的時候，也要看到生活中還有很多值得我們回報的人和事物。學會感恩，當生活中遇到挫折、磨難的時候，我們還有生活賜予給我們的堅強。其實，生活從來不吝惜賜予給我們。學會感恩，也就少了一些抱怨、憤恨，能夠以一顆從容、淡定的心態面對人生，你會發現生活原來是豐富多彩的，即使遇到磨難和挫折，也能夠增加我們人生的厚重。

樂觀地面對你的生活吧！無論它給了你什麼，都是在為你的生命增添色彩。

任何一種磨難，都不是最糟的

兩個已在沙漠行走多日的商人，在最飢渴難忍的時候，碰見一位趕駱駝的老人，老人給他們每人半碗水。兩個人面對同樣的半碗水，其中一位商人抱怨水太少，不足以消解他身體的饑渴，怨恨之下竟將半碗水潑掉了；另一位商人也知道這半碗水無法完全解除身體的饑渴，但他卻擁有一種發自心底的感恩，並且懷著這份感恩的心情，喝下了這半碗水。結果，前者因為拒絕這半碗水死在沙漠之中，後者因為喝了這半碗水，終於走出了沙漠。

故事中老人施捨的是一種愛心，商人喝下的是一份感激，正是這種感激促使他走出了沙漠。感恩之心會為我們帶來無盡的快樂。為生活中的每一份擁有而感恩，能讓我們知足常樂。感恩不是炫耀，不是停滯不前，而是把所擁有的視為一種榮幸，一種鼓勵，在深深感激的心情之下進行回報的積極行動，並與他人分享自己的擁有。感恩之心使人警醒並積極行動，更加熱愛生活，創造力更加活躍；感恩之心使人向世界敞開胸懷，投身仁愛行動之中。沒有感恩之心的人，永遠不會懂得愛，也永遠不會得到別人的愛。

擁有感恩之心的人，即使仰望夜空，也會有一種感動，正如康德所說：「在晴朗之夜，仰望天空，就會獲得一種快樂。這種快樂只有高尚的心靈才能體會出來。」生活中確實需要感恩，不懂得感恩，生活便會黯然失色，人生便沒有滋味。

約翰有血液系統方面的毛病，很容易疲倦。有一天他開車回到家裡，感覺很累，希望能夠小睡一下。這時候，一位鄰居興高采烈地跑來，說他幫約翰在園子裡種了兩顆菜。約翰隨口說聲謝謝，就進屋睡覺了，因為他感覺實在太睏了。睡意向約翰襲來，但他始終睡不著。約翰猛然坐起，明白自己的不安是因為沒有向鄰居衷心致謝。他立刻走出屋子，到園子裡，向鄰居為剛才的淡漠道歉，並重新真誠致謝。約翰說：「這位鄰居知道我有心臟血管方面的毛病，也知道休息對我很重要。當他知道我為了向他致謝而中斷睡眠，非常感動，又幫我多種了兩顆菜。這兩個人都從再一次致謝中受惠。

約翰說：「心中感激卻沒說出來，就好像包好了禮物卻沒送出去。」

我們應該凡事感恩，但是在我們的生活當中，卻有太多的人吝於感恩，他們把自己今天所擁有的一切視為理所當然。認為這一切都是自己努力得來的，與他人無關。其實感恩也像其他受人歡迎的特質一樣，是一種習慣和態度。時常懷有感恩的心情，你會變得更謙和、可敬且高尚。每天都該用幾分鐘的時間，為你的幸運而感恩。所有的事情都是相對的，不論你遇到何種磨難，都不是最糟的，所以你要感到慶幸。

在感恩節來臨之際，美國洛杉磯的一家報社向一位小學女教師約稿，希望能得到一些家境貧寒的孩子畫的圖畫，圖畫的內容是他們想要感謝的東西。孩子們聽了都很興奮，紛紛拿起筆在白紙上描畫了起來。

女教師在心裡猜想，這些貧民的孩子想要感謝的東西肯定是很少的，大部分孩子可能會畫餐桌上的火雞或霜淇淋。當一個皮膚棕黑、頭髮捲曲的男孩把他的畫交上來時，女教師一看那畫，不由吃了一驚，原來上面畫的是一隻手。這是誰的手？這個抽象的表現使女教師一時很難理解，其他的孩子也紛紛猜測：「這一定是上帝的手。」「這是農夫的手，因為農夫們才餵養火雞。」

女教師來到小男孩面前，低下頭問他：「你能說明一下，你畫的是誰的手嗎？」

男孩小聲地回答說：「老師，我畫的是妳的手。」

女教師一下子回想起來了：在放學後，她總是拉著他黏糊糊的小手，送他走一段路。他家裡非常窮，父親常酗酒，母親瘦弱多病，沒有工作，這男孩平日裡總是穿著髒兮兮的破舊衣服。當然，女教師也常常拉其他孩子的手，但她的這隻手在男孩的心裡卻有著非凡的意義，所以他要感謝這隻手。

不經意間一個鼓勵的眼神，一句親切的問候和安慰，能夠在無形中溫暖一個受傷的心靈，更會讓他體會到生命的真摯與生活的安慰。當同學或朋友遇到挫折，處於逆境之中時，如果我們能熱情相助，那將猶如雪中送炭。患難見真情，很多人在得到別人真誠的幫助後，總會真誠報答別人。於是快樂在相互間傳遞，融會成一個巨大的彼此溫暖的源泉。

以德報怨可以擺脫許多煩惱

鍾斯是一名經營建築材料的商人，在與對手的競爭中陷入困境。對方在他的經銷區域內定期走訪建築師與承包商，告訴他們：鍾斯的公司不可靠，他的產品品質不好，生意也面臨即將歇業的境地。鍾斯並不認為這位對手的言論會嚴重傷害到他的生意，但是這件麻煩事讓他心中生出無名之火，真想「用一塊磚來敲碎那人肥胖的腦袋洩憤」。

「有一個星期天早晨，」鍾斯說。「牧師講道時的主題是：要施恩給那些故意與你為難的人。我把每一個字都吸收下來。就在上個星期五，我的競爭者使我失去了一份二十五萬塊磚的訂單。但是，牧師卻教我們要以德報怨，化敵為友，而且他舉了很多例子來證明他的理論。當天下午，我在安排下週日程表時，發現住在維吉尼亞州的一位我的顧客，因為蓋一間辦公大樓需要一批磚，但所指定的磚型號不是我們公司製造供應的，而是與我競爭對手出售的產品很類似。同時，我也確定那位滿嘴胡言的競爭者完全不知道有這筆生意機會。」

當時鍾斯感到為難，是要遵從牧師的忠告，告訴對手這個機會，還是按自己的意思去做，讓對方永遠也得不到這筆生意？鍾斯的內心掙扎了一段時間，牧師的忠告一直盤踞在他心間。最後，也許是因為很想證實牧師是錯的，他拿起電話，撥到競爭對手家裡。

接電話的人正是那個對手本人，鐘斯很禮貌地直接告訴他有關維吉尼亞州的那筆生意，這位對手難堪得一句話也說不出來。結果，那個對手很感激鐘斯。

鐘斯說：「我得到了驚人的結果，他不但停止散佈有關我的謊言，甚至還把他無法處理的一些生意轉給我做。」

鐘斯的心情也比以前好多了，他與對手之間的關係也得到了改善。以德報怨，化敵為友，學會用和平的方式去處理生活中的衝突與憤怒，我們不但能省去很多的煩惱，還會獲得更多意外的驚喜，以及精神的愉悅。

談到以德報怨的故事，前南非總統曼德拉的故事值得一提。

曼德拉因為領導反對白人種族隔離的政策而入獄，白人統治者把他關在荒涼的大西洋小島羅本島上二十七年。當時曼德拉年事已高，但白人統治者依然像對待年輕犯人一樣，對他進行殘酷的虐待。羅本島上佈滿岩石，到處是海豹、蛇和其他動物。曼德拉被關在總集中營的一個「鋅皮房」，白天打石頭，將採石場的大石塊碎成石料。他有時要走入冰冷的海水中撈海帶，有時做採石灰石的活兒——每天早晨排隊到採石場，然後被解開腳鐐，在一個很大的石灰石場裡，用尖鎬和鐵鍬挖石灰石。因為曼德拉是要犯，看管他的看守就有三人。他們對他並不友好，總是尋找各種理由虐待他。

誰也沒有想到，一九九一年曼德拉出獄當選總統以後，他在就職典禮上的一個舉動震驚了整個世界。

總統就職儀式開始後，曼德拉起身致辭，歡迎來賓。他依次介紹了來自世界各國的政要，然後他說，能接待這麼多尊貴的客人，他深感榮幸，但他最高興的是，當初在羅本島監獄看守他的三名獄警也能到場。隨即他邀請他們起身，並把他們介紹給大家。曼德拉的博大胸襟和寬容精神，令那些殘酷虐待了他二十七年的白人汗顏，也讓所有到場的人肅然起敬。看著年邁的曼德拉緩緩站起，恭敬地向三名曾關押他的看守致敬，在場的所有來賓以致整個世界，都靜下來了。

後來，曼德拉向朋友們解釋說，自己年輕時性子很急，脾氣暴躁，正是獄中生活使他學會了控制情緒，因此才活了下來。牢獄歲月給了他時間與激勵，也使他學會了如何處理自己遭遇的痛苦。他說，感恩與寬容常常源自痛苦與磨難，必須透過極強的毅力來訓練。

當你邁向通往自由的監獄大門時，若不能把悲痛與怨恨留在身後，那麼，你其實仍將自己留在獄中。打人的那隻手與被打的那個人一樣疼，而像曼德拉那樣懂得消泯怨恨，感恩生活的人，不但能感動別人，也溫暖了自己。

若得身心悅，去除仇恨心

一九四四年冬天，俄軍把德軍趕出了國門，上百萬的德國兵被俘虜。

一天，一隊德國戰俘面容憔悴地從莫斯科大街上穿過，當德國兵從街道走過時，所有的馬路都擠滿了人。俄軍士兵和員警在戰俘和圍觀者之間警界著，圍觀者大部分是婦女，她們當中的每一個人，都是戰爭的受害者，她們的父親、丈夫、兄弟，或是兒子，都被德國兵殺死了。她們每一個人，都和德國人有著血債。

婦女們懷著滿腔仇恨，當俘虜出現時，她們把一雙雙勤勞的手攥成了拳頭。士兵和員警們竭盡全力阻擋著她們，生怕她們控制不住自己的衝動。這時，最令人意想不到的事情發生了：一位上了年紀的猶太婦女，穿著一件戰爭年代的破舊長袍，她走到一個員警身邊，希望員警能讓她走近俘虜。員警同意了這個老婦人的請求。

她到了俘虜身邊，從懷裡掏出一個用印花布方巾包裹的東西，裡面是一塊黑麵包，她羞怯地把麵包塞進了一個疲憊不堪的、幾乎站不住的俘虜的衣袋裡。

看著身後那些充滿仇恨的同胞們，她開口說話了：「當這些人手持武器出現在戰場上時，他們是敵人。可當他們解除了武裝出現在街道上時，他們是跟『我們』一樣的人。」當下整個氣氛改變了。婦女們從四面八方一齊擁向俘虜，把麵包、香菸等各種東西塞給這些戰俘。

劍橋大學教授安妮・森德伯克說過：「以七乘七十倍的寬容，來赦免你的敵人，這樣可以減少你患高血壓、心臟病、胃病的機會。」仇恨只會激化矛盾，寬容的心卻能讓緊張的氣氛化為脈脈溫情。

很早以前，有一個著名的雕刻師傅，他雕刻的作品栩栩如生，幾乎可以達到以假亂真的地步。因為他的雕刻技巧不錯，所以附近一個村莊的寺廟就邀請他去雕刻一尊菩薩像。

可是，要到達那個村莊，必須越過山頭與森林。偏偏這座山有著鬧鬼的傳說，有些想越過山的人，若夜晚仍滯留在山區，就會被一個極為恐怖的女鬼殺死。因此，親人、朋友們力勸雕刻師傅，等隔日天亮時再啟程，以免遇到不測。但是師傅擔心天亮啟程會耽誤行程，就謝絕了眾人的好意，收拾好行李和工具，當天晚上就出發了。

他一步步走著，天色逐漸暗下來，月亮、星星也都出來了。這師傅突然發現，前面有一名女子坐在路旁，草鞋也磨破了，似乎十分疲倦、狼狽。

師傅於是上前詢問這女子，是否需要幫忙？當師傅得知該女子也是要翻越山頭到鄰村去，就自告奮勇要揹她一程。月夜中，師傅揹著她，走得汗流浹背，就停下休息。

此時，女子問師傅：「難道你不怕傳說中的女鬼嗎？為什麼不自己快點趕路，還要為了我而耽擱時辰？」

「我是想趕路呀！」師傅回答。「可是如果我把妳一個人留在山區，萬一妳碰到危險怎麼辦？我揹妳走，雖然累，但至少有個照應，可以互相幫忙啊！」在明亮的月色中，這師傅看到身旁有塊大木頭，就拿出隨身攜帶的鑿刀工具，看著這女子，一斧一刀地雕刻出一尊人像來。

「師傅啊，你在雕什麼啊？」

「我在雕刻菩薩的像啊！」師傅心情愉悅地說。「我覺得妳的容貌很慈祥，很像菩薩，所以就按照妳的容貌來雕刻一尊菩薩！」

坐在一旁的女子聽到這話，哭得淚如雨下，因為她就是傳說中的恐怖女鬼。多年前，她隻身帶著女兒翻越山頭時，遇上一群強盜，她無力抵抗而被姦污，女兒也被殺害。悲痛的她，縱身跳下山谷，化為厲鬼，專在夜間取過路人性命。這名滿心仇恨的女厲鬼萬萬沒想到，竟會有人說她「容貌很慈祥，很像菩薩」！

剎那間，這女子突然化為一道光芒，消失在月夜山谷裡。

第二天，師傅到達鄰村後，大家都很驚訝他竟能在半夜活著越過山頭。而從那天後，再也沒有夜行旅人遇到傳說中的女厲鬼了。

人們總是懷有強烈的自我防衛心理。其實，我們在提防別人的同時，也是在為自己設防，如果我們能夠打開心窗，忘掉仇恨，主動地接納別人，相信必能重新找回輕鬆快樂的生活。

CHAPTER 07

在不確定的世界找到和諧的生活

都市身心靈仁慈課

慈悲就是給人快樂，將人從苦難之中解救出來。慈，是慈愛眾生並給予快樂；悲則是同感其苦，憐憫眾生，並拔除其苦，二者合稱為慈悲。實際上慈悲是對眾生而言的，慈悲無法對自己，只有對眾生慈悲才是真正的慈悲。一個真正善良的人，正是因為他把萬事萬物都放到自己的胸懷，因此，他更容易感萬物之所感，悲萬物之所悲，他也就越懂得去善待他物。

關懷他人，悲天憫人

中國古代故事裡那個杞人憂天的人，總是受到人們的嘲笑。其實，換一個角度來看，他的行為恰恰體現出一種常人所沒有的對蒼生的悲憫心態，對潛在危險的一種擔憂。

相對於杞人憂天者的備受嘲笑，悲天憫人在中國人的眼裡卻是一種高尚的情操，那種對人類的無等差的關懷令人動容。中國古代著名詩人屈原，就是憑藉他的悲天憫人成就了經典的《離騷》，他的人生故事也得以千古流傳。

幼年時期，屈原就有悲天憫人的情懷。年少時的屈原，在大人眼裡也許還是孩子，但實際上他卻比同齡的孩子早熟。當時正逢連年饑荒，屈原家鄉的百姓們吃不飽、穿不暖，時有沿街乞討、啃樹皮、食埃土者，年少的屈原看見這一切，不禁傷心落淚。他發誓要為這些人做點什麼，來緩解他們的痛苦。

一天，屈原家門前的大石頭縫裡突然流出了白米，百姓們見狀，紛紛拿來碗瓢、布袋接米，將米揹回了家。不久，屈原的父親便發現家中糧倉中的白米越來越少，他覺得奇怪，便留意觀察，看是否是有人偷米。有一天夜裡，他發現屈原正從糧倉裡往外揹米，便將屈原叫住，一問之下，才知道原來是屈原把家裡的米灌進石縫裡。鄉親們知道了真相都很感動，誇讚屈原。

父親沒有責備屈原，只是對他說：「咱家的米救不了多少窮人，如果你長大後做官，把國家管理好，天下的窮人不就有飯吃了嗎？」

父親的話激勵了屈原，自此他勤奮治學，長大後楚王得知他很有才能，便召他為官，讓他管理國家大事。屈原為國為民盡心盡力，為後世之人稱頌，真正做到了由小善轉為大善的境界。他自幼憐憫他人，此乃小愛，乃人之常情的愛；而他後來愛國，則因愛人而由小變大，精神得到了昇華，這是令後人敬仰的大愛。

孟子曾經說：「存其心，養其性。」意思是保存赤子之心，修養善良之性。我們生來便有一顆赤子之心，不沾俗塵，不染汙土，而仁愛是首先要培養出來的性情。為他人奉獻善心，為社會造福祉，他人和社會必定會以善意回報你。

悲天憫人，是要將福祉惠澤天下的芸芸眾生，人只是這個世界微小的一部分，花草鳥獸做為世界的一分子，也應受到福祉的惠澤。孔子曾說「子釣而不綱，弋而不射」，意思是說孔子釣魚，但不用繩網捕魚；孔子射鳥，但不射棲宿巢中的鳥。在孔子的眼裡，一草一木皆生命，豈有不愛惜的道理。

對生命的悲憫並非人性的道德完善，也並非居高臨下的施捨，而是對生命的深切關懷。

很多時候，我們在關懷其他生命的同時，也是對我們自身的關懷與尊重。

慈悲佈施心，為他人照亮人生路

做一個慈悲人，佈施很重要。佈施不一定要施錢，有時候為人說一句好話，能為他人帶來不可思議的因緣；有時候只是幾口飯的佈施，卻能為他人帶來生命的重生與希望；有時候一個不經意的微笑，也能給人帶來溫暖的感受，所以佈施的功德是無量的。照佛家的說法，功德就如播種，將一粒種子播於泥土中，經過灌溉施肥，就能結出累累的果實，

一個寒冷的冬夜，有一個乞丐到寺院裡找到榮西禪師，向他哭訴家中妻兒已經多日不曾進食，眼看就要餓死了，不得已來請求禪師救助。

榮西禪師聽到這些，慈悲之心頓生，非常同情他的遭遇，但是自己身邊既無金錢，也沒有多餘的食物，他左右為難地環顧四周，突然看到了準備用來裝飾佛像的金箔，於是他對乞丐說：「把這些金箔拿去換些錢，再給你的妻子孩子買些食物吧！」

乞丐離開之後，一直站在旁邊的弟子終於忍不住怨氣，對榮西禪師說：「師父，您怎麼可以對佛祖不敬呢？」

榮西禪師心平氣和地對弟子說：「我之所以這麼做，正是出於對佛祖的一片敬重之心

啊！」

弟子憤憤地說：「這些金箔本來是用來裝飾佛像的，可您就這樣送給了乞丐，我們要用什麼來裝飾佛像呢？難道這就是你對佛祖的敬重之心嗎？」

榮西禪師正色說：「平日裡你們誦讀的經文，修習的佛法都到哪裡去了？難道沒有真正理解嗎？佛祖慈悲，割肉餵鷹、以身飼虎都在所不惜，我們怎麼能為了裝飾佛身而置人性命於不顧呢？」

真正的信仰，不是僅僅掛在嘴邊的，更不僅只是頂禮膜拜的儀式。它應該存在於具體的事情之中，甚至存在於一件極普通、極平常的小事之中。真正慈善的人，不會拘泥於禮節和形式，他們會將自己的善念化為一汪清泉，讓其流進所有乾渴的心靈。榮西禪師佈施的不僅是金箔，更是一顆慈悲心。這種發自內心的善意的關懷，定能帶給他人更多的溫暖。

其實，能夠佈施的何止是金箔呢？舉凡一種思想，一種智慧，一種信念，一束光，一杯水，乃至一句話，都可以與人分享。

美國著名作家歐・亨利曾經在《最後一片葉子》裡講述了一個善意的謊言，同樣也是一種仁慈的佈施。

一位窮學生瓊西身患肺炎，她看到窗外對面牆上的常青藤葉子不斷地被風吹落，心中充滿了憂傷。她說，當最後一片葉子落下時，自己的生命也將和它一起隕落。

住在隔壁的畫家貝爾曼聽瓊西的同學談起此事之後，在最後一片葉子落下之前的深夜，冒著暴雨，用的畫筆在牆上畫出了一片「永遠不會凋落」的常青藤葉。

後來，瓊西的病痊癒了，這位偉大的畫家卻因為在暴雨的晚上感染了肺炎，不久之後永遠地闔上了雙眼。

善良的貝爾曼為瓊西編造了一個善良而真實的謊言，用一片精心勾勒的綠葉裝飾了那乾枯的生命之樹，鼓舞了即將熄滅的生命之光。

一顆仁慈的佈施之心有如日月，像冬天的太陽，像十五的明月，不但能為大地帶來光明，還能溫暖萬物，若能與這樣的仁慈之人交往，就如同寒冬裡受到太陽的照耀，如同黑夜裡有了明月的朗照。

以責人之心責己，以恕己之心恕人

遠古時，有一座大森林中突然發生了火災，大量的樹木被焚燒著，動物的家園被毀，四散逃竄。這時林中有一隻雉鳥，挺身而出，牠拚盡自己的力氣想要撲滅這場無妄之災。牠飛向遠方的河流，跳進水裡把自己的羽毛打濕了，然後再飛回燃燒著的森林中抖落身上的河水。如此往返，飛來飛去，雉鳥卻不覺得辛苦。但畢竟是杯水車薪，於事無補，但牠並不放棄，仍然努力地想要撲滅大火。

終於，天帝看到了牠奔波忙碌的身影，問道：「你究竟為什麼要這樣做呢？憑你每次帶回來的這點水根本不可能消除這場災禍！」

雉鳥回答說：「我只想盡自己的力氣，讓森林裡的動物有一個安身之處。森林是動物賴以為生的，我身體雖小，但還是很有力量的；或許這份力量微不足道，但畢竟是成千上萬的力量中的一分。既然有力量，為什麼不去盡力挽回呢？」

天帝心生感慨，他又問：「你的力量這麼微弱，肯定是撲不滅這場大火的，你準備做到什麼時候呢？」

雉鳥毫不猶豫地說：「我會一直飛到飛不動，直到死才會停止。」

現代人常常將「人不為己，天誅地滅」這句話掛在嘴邊，這隻雉鳥不僅不為己，反而可以為了他人捨棄自己，牠對其他動物的愛已經超越了對自己的愛。牠的行為讓我們心生敬意。以慈悲心對他人，則身邊處處皆有善德，人人心中有善，又哪裡會有敵人？慈善生智慧心，以智慧心對自己，戒除貪嗔癡疑慢，己心成淨土，也自然不會再有煩惱。白隱禪師就是這樣一位能以慈悲心對人，以智慧心約束自己的聖人，他看破了世事，沉默地守護著自己心靈的一方淨土。

有一對夫婦帶著女兒，在白隱禪師家附近開了一家小店。有一天，夫婦倆無意間發現女兒的肚子無緣無故地大了起來。這時使她的父母頗為震怒，免不得要追問來由。

起初女兒不肯招認那人是誰，但是在父母的苦苦逼問之下，終於說出來「白隱」兩個字。她的父母怒不可遏地去找白隱禪師理論，但這位大師只說了一句話：「就是這樣嗎？」孩子生下來之後，就被送給了白隱。此時，他的名譽雖已掃地，但是他卻並不介意，只是非常細心地照顧這個孩子，他向鄰舍乞求嬰兒所需的奶水和其他一切用品。

時隔一年之後，這位沒有結婚的媽媽終於忍不住了，向父母吐露了真情：孩子的親生父親是一個在魚市工作的青年。她的父母立刻把她帶到了白隱禪師那裡，向他道歉，請他原諒他們當年的錯誤，並請求他允許他們將孩子帶走。

白隱禪師依舊無話，他只是在交回孩子的時候輕聲說道：「就是這樣嗎？」

白隱禪師的修為令人讚歎、景仰，他並沒有將被人誤解、誹謗看成壞事，而當誤會得到澄清時，他也沒有表現出強烈的喜悅，只是默默地承受，心平氣和地付出。他以慈悲心對待惡語中傷他的人，並且細心照顧他們的孩子；又以智慧心對待這件荒唐可笑的「禍事」，從而讓自己能夠平和地對待，不起煩惱。這樣的人，真是聖人！所以他才能夠得到眾人的歎服，獲得自己內心的快樂與清淨。

真正的慈悲不只是愛你所愛的人，還要去寬恕、愛護你的仇敵；真正的智慧不僅是頭腦的聰明，而是用寬厚的胸懷來面對一切禍福，是一種愛人如己的智慧。真正做到了以慈悲心愛眾生，以慈悲去包容，以理智去面對，就不會再有敵人，也不會再有煩惱。

生活中抱平和心，世界便無爭端

希望世界上的每個人，能擁有做一個共生地球人的心胸和莊敬自強的生活態度，自然能消弭各種鬥爭。憫物的本質一方面是慈悲，另一方面則是對自由的一種尊重。萬事萬物在自然界原本都是應該享有自由的。因此，常存一顆憫物的心，不僅僅是一種博大的情懷，更是對人生與自然的一種理解和頓悟。我們從來都是與我們周圍的事物和自然融於一體的，對它們進行關懷，實際上也是在關懷我們自身。

真正的善良，首先應建立在彼此平等的基礎上。如果沒有平等，便談不上善良。這正如一個高高在上的有錢人施捨一點殘羹冷炙給乞丐，這不是善良，而是憐憫。慈悲與善良之所以偉大，就在於是站在與眾生平等的位置上，來展示自己的慈悲與善良。

弘一大師是現代著名的高僧，一次，他到弟子豐子愷家去，豐子愷請他坐籐椅。他把籐椅輕輕搖動，然後慢慢地坐下去，起先豐子愷不敢問，後來看他每次都如此，豐子愷就問為何這樣謹小慎微。弘一大師溫和而自然地回答說：「這椅子裡頭，兩根籐之間，也許有小蟲伏著。突然坐下去，會把牠們壓死，所以我先搖動一下，再慢慢地坐下去，好讓牠們有時間走避。」

即使是一隻毫不起眼的小螞蟻，在佛家眼中也是一條生命，它與我們人類的生命是一樣的，本質上並沒有什麼區別，也應該享有生命的權利和尊嚴。釋迦牟尼佛在未成佛之前也對世間萬物充滿著憐惜愛護之情。

釋迦牟尼佛在未成佛道時的其中一個輪迴，轉生成一條威力無敵的毒龍。這條龍非常的強大，傷害過很多生命。有一次，毒龍被一位修道的人降服了。修道人告訴牠，宇宙萬物都是有生命的，受到傷害的人不會善罷甘休，以怨報怨，是無休無止的。只有奉行不殺生，才能超越這種無邊的痛苦，脫離畜生道。

毒龍很相信修道者的話，便發誓不再殺生。此後，毒龍即使面對一條卑微的蟲子，都能夠忍受饑餓不去傷害，毒龍昔日暴跳如雷的脾氣也逐漸變得平和起來。一次，牠在睡著的時候，被一個獵人發現了。

獵人想把毒龍的皮剝掉獻給國王，這時的毒龍其實只要吐一口氣都能把獵人殺死，但是它忍受著剝皮的痛苦來滿足獵人的心願。毒龍在被剝皮後，森林裡鳥兒、蟲子都來吞噬牠的肉體，令牠疼痛無比，牠仍然堅守著不傷害任何生靈的誓言。

任何一個生命都與我們息息相關、血肉相連。在這偌大的地球當中，人們與身邊的人、事、物都有著藕斷絲連的關係，既然共生於同一個空間，為什麼不能互尊互敬，而一定要鉤心鬥角，挑起是非呢？生命的聯繫當中，存在著一個又一個的「蝴蝶效應」。我們所做的某一件錯事，可能引發一連串的反映，導致最後遭殃的還是我們自己。所以對眾生應抱有「滴水」中的大慈悲之心，對生活抱著平和的態度，不但世界沒有了爭端，人的內心也會歡樂。

再卑微的生命，也有一席之地

慈悲心越重，智慧越高，煩惱也就越少。只有運用慈悲來修福報，運用智慧來修智慧，修福與修慧同時進行，相輔相成，才能獲得真正的圓滿。真正的慈悲是平等地關懷一切眾生。無論是親朋好友，還是路人甲乙丙，甚至是敵人，都要隨時準備給予對方幫助，要隨時以一顆眾生平等的心去與人相處，與這個世界融合。生命無論多麼卑微，在這個世界上都應該有自己的一席之地。

滴水和尚十九歲時就在曹源寺出家，拜在儀山禪師門下。剛剛入寺修習時，他終日被派去打雜，為寺中僧人們燒洗澡水，時間久了，他漸漸不滿於師父的安排。

有一次，師父洗澡嫌水太熱，便派他去提一桶冷水過來調和一下。滴水和尚便去提了涼水過來，他先將一部分熱水潑在了地上，又把多餘的冷水也潑在了地上，然後將水調涼了。

師父嚴厲地斥責他說：「你怎麼如此冒冒失失！地上有多少螻蟻、草根，這麼燙的水潑下去，會燙死多少生命？而剩下的那些冷水，如果用來澆花育園，又能活多少草木？你若心無慈悲，出家又為了什麼呢？」

滴水和尚從師父的這番話頓悟了。他既明白了原來燒水做飯之中也可以悟到禪機，更清楚了慈悲心在修禪過程中的意義所在，自此，他以「滴水」為號，成為一代禪師。

關懷生命並不僅僅指關懷人類自身，而是關懷世間一切具有生命的生物，甚至螻蟻、草根，都是慈悲的對象。地藏法音《唯識論》中曾有「佛觀一杯水，八萬四千蟲」之說，眾生眼中，只是普普通通的一杯清水，而在佛的眼裡，水中卻有無數需要救助的生命。傳說佛祖曾要求弟子在飲水之前先將水過濾一遍，所以佛教至今仍保留著濾水的傳統。

處理任何事情，都應拋棄自我為中心的習慣，不能以自我的立場或利益為出發點去評判是非。同時，智慧是以感情為基礎，做到情理兼顧，才能消滅煩惱。

一個精明的生意人經常走南闖北，看到市場上的大蒜銷售異常火紅，價格不斷上漲。於是，他意識到，當前人們注重養生保健，大蒜的功能正在受到推崇。他就把自己的耕地都種上了大蒜。當很少外出的村民們看到他不種莊稼，種大蒜的時候，都非常不解。

生意人面對大家的提問，他擔心大家把生意搶走，就閉口不答。在收穫的時候，看到自己的大蒜顆顆飽滿，他非常的高興。當他聯繫批發商前來商洽價格的時候，批發商認為他種植的大蒜數量太少，而且他的家鄉地勢偏遠，交通不便，運輸成本很高，表示不願前來收購，或者要以低價收購來抵銷運費。當他一籌莫展的時候，批發商打來電話告訴他，如果他能夠保證當地有大批量大蒜的話，他們還是願意前來收購的。

生意人當然不願意看到自己的辛勤付出付諸東流，只好把這個消息告訴村民們，把大家零散種植的大蒜也都集中起來。最終，批發商以較高的價格收購了他和村民們的大蒜，並告訴他，如果不是有村民們這些大蒜，他們是不願意單獨來收購他這一家種植的。事後，村民們從中得到了啟發。在紛紛向他道謝的同時，也建議他帶領大家一起把規模放大，來滿足市場需求。這個提議使他眼前一亮，看到了村莊發展的希望。

生意人雖然腦筋動得快，但是一個人的智慧畢竟是薄弱的，集中大家的智慧才是明智的選擇。他也開始愧疚自己當初自私自利的想法，現在的他，不僅為村民們提供了發財致富門路，村民們也成就了他自己的事業。

慈悲與智慧像飛鳥的一雙翅膀，失去任何一方，都無法保持平衡的姿態，更不要奢望能夠展翅高飛觸及極樂世界。慈悲的行為要以智慧來判斷，否則有可能好心辦壞事；而智慧的運用則要以慈悲為背景，否則會流於空談，淪為紙上談兵。慈悲與智慧的交融，是心靈的和諧、完美與圓融，它使人能夠不斷探索生命的奧義，同時看到真正的自己。攜一顆佛心，展一雙翅膀，不畏浮雲，只在生命的巔峰自在微笑。

伸出援助之手，人人都能過得好

哈佛大學的印度研究所，有一位十分慈愛的老教授，他經常講一個故事，告訴人們要心存仁愛，他的一生也在踐行著他的人生哲學。

寒冷的街頭，一個衣著破爛的小女孩在一家蛋糕店門前已經站了很久了。她看著櫥窗裡的大蛋糕，眼睛都直了。

這時，蛋糕店裡走出來一個漂亮的女店員：「小妹妹，妳是在這裡等人嗎？」

小女孩說：「不，我是在向上帝禱告，請祂賜給我一塊漂亮又美味的大蛋糕。」小女孩認真地抬起頭問。「姐姐，妳說上帝能夠聽見我的請求嗎？」

「會的！」女店員認真地點點頭，接著，她把小女孩帶進了蛋糕店。

小女孩看著五顏六色的蛋糕和光亮的蠟燭，一臉的羨慕和陶醉。

一會兒，女店員端來了一盆熱水，拿了一條毛巾。她把小女孩帶到一邊，開始給小女孩洗手洗臉。小女孩的臉已經在外面被寒風凍得通紅了，她睜著一雙大眼睛看著這位女店員在她身邊忙著，一臉的疑惑。到了最後，女店員用碟子端來一塊上面鋪滿果仁的大蛋糕。

小女孩遲疑地接過大蛋糕，眼眶裡蓄滿了淚水。

女店員對小女孩笑了笑，說：「小妹妹，還有什麼需要嗎？」

「我可以吻你一下嗎？」小女孩親了一下女店員，俯在她的耳邊輕輕地問了一句：「姐姐，妳是上帝的妻子嗎？」

寄予同情就像饋贈其他禮物一樣。重要的是內心，只要擁有一顆仁愛之心，就會發現自己離上帝又走近了一步。人之行善，並不是體現在喋喋不休的說教中，有時一個小小的善舉也可以讓你成為拯救他人脫離苦難的上帝。上帝無處不在，只要我們擁有仁愛之心，用自己的行動去關愛周圍的人，就會發現自己距離上帝更近了。

一九七九年，諾貝爾委員會決定從五十六位候選人中，選出一位除了愛之外什麼都沒有的人做為諾貝爾和平獎的得獎者。

在這次評選中，德蕾莎修女成為這個獎項的獲得者。授獎公報對德蕾莎修女的事業給予了高度的評價：「她的事業有一個重要的特點：尊重人的個性、尊重人的天賦價值。那些最孤獨的人、處境最悲慘的人，得到了她真誠的關懷和照料，這種情操發自她對人的尊重，完全沒有居高臨下施捨的姿態。」「她在幫助窮人的事業中，做出了影響世界的最傑出貢獻。」

在金碧輝煌的諾貝爾獎頒獎大廳裡，德蕾莎修女深懷感激地對全世界說：「這項榮譽我個人不配領受。今天我來接受這個獎項，是代表世界上的窮人、病人和孤獨的人。」她宣佈，將把得到的這筆鉅額獎金全部捐獻給慈善機構，全部用來為窮人和受苦受難的人謀利益。頒獎儀式結束後，德蕾莎修女得知，那天晚上還有一場為全體來賓準備的盛大宴會，總共要花費七千一百多美元。一向克己的她不禁黯然神傷，抹去了眼角的淚水，帶著深深的不安向諾貝爾委員會提出了真誠的請求：取消按照慣例舉行的授獎盛宴，將省下的錢用於幫助窮人。因為這是一種極大的浪費，盛宴只能供一百多位來賓享用，如果把這筆錢交給慈善機構，卻可以讓一千五百位窮人吃上一天的飽飯。

諾貝爾委員會很快就答應了這一請求，把七千一百美元統統贈予了她所領導的仁愛修會。她的請求也沒有得罪任何嘉賓，反而深深地打動了他們。與此同時，瑞典全國掀起了向仁愛修會捐款的熱潮。自此以後，她幫助窮人的事業，得到了全世界各國人民越來越廣泛的支持。獲獎後，德蕾莎修女遵守了「自己為窮人、病人和孤獨的人領獎」的諾言，把十九萬二千萬美元獎金連同那七千一百美元，全部捐給了一個為防治痲瘋病而建立的基金會，沒有留下一點錢給自己。最讓人肅然起敬的是，她將諾貝爾和平獎的獎章也賣了，所得捐給貧困者。

博大的愛可以感動天地，一場盛宴在無私的愛面前不再聲勢浩大。無私的愛不僅可以給被愛的對象帶來溫暖和幫助，使其走出困境，更可以感染其他人一起獻出自己的愛。德蕾莎修女用自己博大的愛和真誠感動了諾貝爾委員會，破例取消照慣例將舉行的盛宴是最好的例證。我們不一定要做出像德蕾莎修女那樣偉大的事業，但是至少可以形成這樣的習慣：在自己過得很好時，想想那些還在困境中的人們，盡自己的所能，伸出援助的手，讓這個世界因為你的愛而多一分美好。

用親切的愛洗滌心靈

愛，是個令人陶醉的字眼，也是一個永恆的命題。愛就像一塊調色板，創造了五彩斑斕的生活，造就了人類的和諧與幸福。有了愛，生活中就會有更多的歡樂與感恩；有了愛，我們就可以把冷漠化為親切，把仇恨變為寬容。

「他們都是些自私的傢伙，從來只會考慮自己，而不會為別人考慮。」受了委屈的阿里回到家裡的時候，還在生氣。他問媽媽：「世界上真的有那種懂得犧牲自己的人嗎？」

「當然，孩子，讓媽媽給你講一個故事吧。」媽媽輕輕地對阿里說。

那是發生在一個建築工地上的故事。年輕的馬丁和科爾是一對好朋友，他們都是建築工人。一個秋天的下午，他們正在尚未竣工的大樓裡幹活，那裡距離地面有幾十米高。突然，他們站立的木板斷裂了。一剎那，兩個人同時從幾十公尺的高空落下。他們都認為自己肯定完了。但是幸運的是，一個防護桿拯救了他們。但兩個人實在太重了，脆弱的防護桿只能承受一個人的重量，他們中間必須有一個人放開手，然而求生的本能讓他們都緊緊地抓住防護桿。

時間一點一滴地過去，防護桿吱吱地作響，眼看馬上就要斷了。這個時候，結了婚的科爾含著眼淚對馬丁說：「馬丁，我還有孩子！」

沒有結婚的馬丁只是靜靜地說：「那好吧！」然後就鬆開了手，像一片樹葉飄向了水泥地面。面對選擇，他只是簡單地說了句「那好吧」，就把生存的希望留給了別人。

「媽媽，我希望有這樣的事情，但它只是個故事。」阿里不以為然地說。

「阿里，那個得救的人就是你的爸爸，而他所說的孩子就是你。」媽媽眼裡含著眼淚。

空氣頓時凝固了，阿里望著媽媽，顫抖地說：「馬丁叔叔一定是那個秋天風中最美麗的樹葉，是嗎？媽媽。」

「是的，那片美麗的樹葉現在一定飛上了天堂，上帝也會為他的美麗而感動的。」媽媽雙眼含著淚水說道。

相信阿里從此不會再埋怨別人只為自己考慮，相信他應該已懂得了愛的真諦。

愛，就像一盞大燈一樣照著你自己，讓我們更深層次地感悟什麼是人生。平日裡，我們多份付出，就是在做正確而且有益的事情，我們不僅能對自己的良知負責，同時也會有益於這個世界。多關心他人，能使你強化自己的能力，並且追求更高品質的生活。因為此時你將擁有最佳心態，並借著自律的行動，越來越了解多付出一點點的整個過程和意義。

只要守住心戒，形式不必拘泥

斑斕的蘑菇，看上去很美，卻是有毒的，只能遠觀而不可品嘗；絢爛的花朵，令人欣羨，卻可能是捕食其他生命的陷阱。世間的美並非都與善相關，而所有的善行，即使沒有光鮮的外表，卻都是美麗的。

所以，有些看似嚴厲的行為卻是大慈大悲。慈悲很重要，但重要之處並不在於形式，而是發自內心的善，就如戒律之嚴在於心，而不全在參禪打坐之間。

有兄弟三人，雖然沒有出家，但喜好打坐參禪，時日一久，為了求更高的悟境，便相約出外行腳雲遊。

有一天，在日落時他們借宿於一個村莊，恰巧這戶人家的婦人剛死了丈夫，帶了七個子女生活，第二天三兄弟正要上路的時候，最小的弟弟就對兩位哥哥道：「你們兩位前往參學吧！我決定留在這裡不走了。」

兩位哥哥對於弟弟的變節非常不滿，認為他太沒有志氣，出外參學見到一個寡婦就動心想留下來，於是他們氣憤地拂袖而去。

寡婦看到弟弟一表人才，自願以身相許。

弟弟說：「妳丈夫剛過世不久，我們馬上就結婚實在不好，妳應該為丈夫守孝三年，再談婚事。」

三年以後，女方提出結婚的要求，弟弟再次拒絕道：「如果我和妳結婚實在對不起妳的丈夫，讓我也為他守孝三年吧！」

三年後，女方又提出結婚要求，弟弟再度婉拒道：「為了彼此將來的幸福美滿，無愧於心，我們共同為你的丈夫守孝三年再結婚吧！」

如此一來，經過了九年，這一戶人家的小兒小女都長大了，弟弟看到他助人的心意已完成，就和婦人道別，獨自走上求道的路，最終他成就了佛果。

一個婦道人家要獨自撫育七個年幼的孩子實在不容易，幸好有人願意幫助她。弟弟雖然不入山打坐，但甘心幫助一家孤兒寡母，不為世間的五塵六欲所轉，反而將穢土轉變為淨域，可以說這位弟弟才是真正懂得佛的慈悲的人。而當初誤以為他貪戀女色的兩位兄長又怎麼懂得他內心的真實想法呢？

慈悲可以用各種形式表現，只要出於慈悲、守住心戒，即使違背了修行中某些形式上的戒律，依然能修成正果。

印度波斯匿王的王后末利夫人，平時穿著極為樸素，從來不裝扮自己，而且多年以來她恪守戒律，不食葷腥，也不沾酒水。有一天她卻穿著華美的服飾來到國王面前，懇請國王準備一桌酒席以享歡樂。波斯匿王雖然心中歡喜，卻也覺得困惑，不知道王后為何如此反常，於是忍不住問王后今日為何想要飲酒。

王后回答說：「最後一頓如此豐盛的美味，當然要和國王同享了。」

「為什麼是最後一頓？」

「聽說這位很會做菜的廚師，明天就要被砍頭了。不過既然他觸犯了您，也是死有餘辜。」王后故作漫不經心地回答。

國王這才想起昨天打獵歸來後，因為這名御廚怠慢了自己，便衝動地下令要把他殺了。經王后這一提醒，國王趕緊下令饒恕了御廚，同時國王也明白了王后的一番良苦用心。

末利夫人以她的慈悲心挽救了御廚的生命，雖然看起來飲酒已經破戒，但是這種不顧個人，只為他人著想的胸懷，不正是慈悲的菩薩的行為嗎？慈悲心，就像是苦海的航舟、黑夜的明燈，更是救世的良方，不一定非要遵循某種固定的形式。

以愛溫暖，以力折服

只要我們有一念之慈，萬物皆善；只要我們有一心之慈，萬物皆慶。一念慈悲，不會傷害萬物，萬物當然歡喜；一心來實踐慈悲，萬物受到愛護，當然就會慶幸。由此可見慈悲的重要性，然而，慈悲也必須以智慧為前導，否則便會弄巧成拙。只有慈悲，沒有智慧，好比飛鳥片翼、車輿單輪，無法飛翔行走，圓滿成功。沒有智慧引導的慈悲，便很可能會氾濫。

常常到寺院中拜佛的人會發現這樣的細節：一進山門，首先便會看到一尊彌勒佛，他笑容滿面，在山口歡天喜地地迎接所有信徒；但進入山門之後，便會看到威嚴的韋馱護法天將，他手拿金剛杵，身穿盔甲，面色嚴肅，令人不由得心生畏懼。這正照應著一句話：「有的人在愛的慈悲鼓勵中可以進步，有的人在嚴厲的折服裡有所警惕。」所以，嚴厲有時候也是一種慈悲。星雲大師曾經在《十大弟子傳》中，講述過這樣一個故事：

羅侯羅是佛教的第一個沙彌，他出家的時候只有十五、六歲。他年紀雖小，卻很聰明，悟性極高，頗得其他弟子的喜愛。然而，他卻有一個缺點，就是喜歡亂打妄語，戲弄他人。

有一次佛陀外出，國王派了一位信者前來拜訪，信者見到在佛陀門外坐禪的羅侯羅，便恭敬地向他詢問佛陀在哪裡。羅侯羅隨手一指後院，便說佛陀正在那裡參禪。訪客信以為真地離去，羅侯羅忍不住哈哈大笑。

後來，這件事被佛陀知道了，他便將羅侯羅叫到身邊，吩咐他為自己端一盆洗腳水。羅侯羅本來很緊張，為自己的錯誤惴惴不安，而且佛陀的表情極為嚴肅，與平時慈祥溫和的他判若兩人。羅侯羅一句話也不敢說，默默地端了一盆水過來，垂手站在佛陀身側。

佛陀洗過腳之後，指著盆裡的水問：「羅侯羅，這個盆子裡的水可以喝嗎？」

羅侯羅驚訝地睜大了雙眼，回答說：「當然不能。」

「為什麼不能喝呢？」

「這盆子裡的水已經洗過腳了，很髒，怎麼能喝呢！」

佛陀依舊很嚴厲，正色道：「難道你不覺得自己很像這盆水嗎？你天資聰穎、悟性極高，放棄了塵世的富貴生活，皈依佛門，就像是原本清淨澄明的水一樣。而你卻不珍惜自己的天分，反而用妄語癡念擾亂自己的身心，出家人不打誑語，你卻以此為樂，就好比水中被沉入了污垢一樣。」

聽到佛陀如此嚴厲的訓斥，羅侯羅連頭也不敢抬。他默默地把水端到門外灑了。

一進門佛陀又問：「你會拿這個盆來盛飯吃嗎？」

「不會。這盆洗過手足，沾有污穢，不能裝吃的東西。」羅侯羅小心翼翼地回答。

「既然如此，你為何不修戒定慧，淨身口意呢？既然你已經是佛門的弟子，便該謹遵佛門的教誨，否則，大道之糧怎麼能裝入你的心中呢？」佛陀說完，抬腳將盆輕輕地一踢，盆就在地上滾了起來。

羅侯羅從來沒有見過佛陀如此生氣，惶恐不安。

佛陀問：「是怕盆子被踢壞嗎？」

羅侯羅說：「不是。盆子是很粗的器物，壞了也不要緊。」

佛陀說：「佛門中人，萬事萬物都當珍惜，你如果不珍惜這個盆子，將來也沒有人會愛護你。你出家做沙門，不重威儀，戲弄妄言，這個行為導致的後果，將是誰也不愛護你，不珍惜你。即使你天資再高，也難以修成正果。」

在眾生心目中，佛陀一直是溫和的，然而在這個故事裡，他卻以極為嚴厲的態度對待羅侯羅，看似苛刻，實際上卻是另一種慈悲，正如我們平常所說的「愛之深，責之切」。

其實，四季輪迴中也有同樣的道理。春天的和風，夏天的雨水，固然能使萬物生長；秋天的嚴霜，冬天的寒雪，也能使萬物成熟。真正的慈悲，既可以愛的溫暖去感化，也可以用有力道的方式來折服。

孔子行善無跡，莊子至善無痕

靈魂奏出的最美音樂便是善良，「善」這個詞彙，一直是古代先賢和儒釋道各家宗派所贊同和推崇的，雖然他們的做法各有不同，但卻殊途同歸。

孔子的善是以「仁」為中心的，主張行善無跡。《論語》中有載：「子張問善人之道。子曰：『不踐跡，亦不入於室。』」其中的「不踐跡」是說，做一件好事不必要讓人看出來是善行。如果為善而好名，希望成為別人崇敬的榜樣，這就有問題了。「亦不入於室」意思是不要為了做好人，做好事，而用這種「善」的觀念把自己束縛起來。

孔子在平時做的一些小事裡，都可以看出這位聖人賢德之處。孔子看到服喪的人，心裡會萌發一種同情心，態度也隨之肅然；看到執政者、可憐的人，自然肅敬；看到殘疾人為弱者，孔子不但肅然起立，且「過之必趨」，一定走快幾步，不敢多看，這就顯示了他心理上的修養。

一位名叫冕的大樂師來看孔子。古代的樂師，多半是瞎子，孔子出來接他，扶著他，快要上臺階時，告訴他這裡是臺階了。到了席位時，孔子又說「這裡是席位了，請坐吧。」等大家坐下來，孔子就說某先生在你左邊，某先生在你對面，一一詳細地告訴他。

等師冕走了，子張就問，老師，你待他的規矩這樣多，處處都要講一聲，待樂師之道，就要這樣嗎？孔子說，當然要這樣，我們不但是對他的官位要如此；對這樣眼睛看不見的人，在我們做人做事的態度上，都應該這樣接待他。

小小的善意行為，不用言表，信手做來，於心是一件非常快樂的事情。莎士比亞曾說，慈悲不是出於勉強，它是像甘露一樣從天降下塵世，它不但散播幸福於受施的人，也同樣散播幸福於給予的人。所以，行善無跡的人通常才是最幸福的。

而莊子的「善」與孔子有很大不同。莊子不但強調為善，同時也強調為惡的方法。《莊子・內篇・養生主第三》中提到：「為善無近名，為惡無近刑。」意思是做善事是一個人應該做的，並不是為了讓別人知道你在做善事才這樣；而作惡事也要達到犯法的邊緣，而不是真正的犯法。莊子的意思是說，善惡之間應恰到好處，一個人應該不好也不壞。

莊子的話表面上看著消極、逃避，對人生處世似乎過於圓滑，實際上卻包含著更加積極的意義。「為善無近名」，說的是做好事並不是為了讓別人知道，如果為了做好人而做好事。如果是為了做好事的名聲，那就不算是真正的善事。「為惡無近刑」，更不是鼓勵我們去做壞事，反而是告訴人們要慎重去考慮為惡。

莊子的「善」與孔子的「善」其實有異曲同工之妙。孔子提倡「大德不逾閒，小德出入可矣」，並不是一般人所認為的做人做事不超過道德的原則範圍，小地方有時也可以馬虎一點。實際上，孔子是講道德的大原則絕對不能違反，小地方不是叫你可以違反，而是要慎重考慮，小過錯也不能犯。事實上，沒有人能夠將自己的過錯界定為不觸犯「刑律」的一層，所以小過錯一樣是不該犯的。

一個讀書人做夢去參加考試，主考官是關公。關公發下題目，他一揮而就，其中卷子裡有幾句話：「有心為善，雖善不賞。無心為惡，雖惡不罰。」讀書人認為，一個人有心地去做好事，表現給別人看，或表現給鬼神看，雖然是好事，也沒有什麼值得獎勵的；又例如一個人在扔掉一把不好用的舊刀時不幸傷了人，他並沒有存心要傷害對方，雖然是一件壞事，也不該處罰。

關公當場閱卷，拍案叫好。這個故事說的就是「為善無近名」的道理。總的來說，莊子提倡的是人生行為要做到至善，至善無痕。這對我們在做人行事方面不無啟示。

我們很難估量自己所做的善事對一個人生命價值的影響。做對了還好，做錯了便不免傷害他人。做善事並不是為了引起別人的關注，而是要以真誠愛他人為出發點去進行，去寬慰失意的人，安撫受傷的人，激勵沮喪洩氣的人，至善無痕，讓付出的心，就像玫瑰花兒一樣散發芬芳。

至於佛家的善，則更是無形、無痕、無跡。佛祖割肉餵鷹，這等慈悲，世人看了皆不忍淚下。但佛祖何曾到處宣揚？真正的善是無聲的，默默不讓人知，善意埋藏於心底，行善不著痕跡，潤人於無形當中。

存善念，行善行

很多道理我們懂得，卻無法奉行；很多事情我們明白，卻不會去做。有些時候，不是智慧不足，而是決心不夠。

寫下「離離原上草，一歲一枯榮」的白居易，對佛學多有研究。他聽說有為禪師修行很高，便前去拜訪請教。

白居易問禪師：「怎樣才能修行成佛呢？」

禪師答道：「諸惡莫做，諸善奉行。」

「這個道理誰都明白。」白居易皺著眉頭，很不滿意這個答案。

禪師微笑地看著他，說：「誰都明白的道理，又有幾人做得到呢？」

白居易恍然大悟，恭敬地退下了。

弘一大師曾說：「至於做慈善事業——尤要！既為佛教徒，即應努力做利益社會之種種事業。」他在世時喜歡對弟子們說的一句話便是：「遇謗不辯。」豈止是不辯？有時候，為了行善，一些禪師寧願自我誹謗。

一個強盜拜訪一位得道的禪師，他跪在禪師面前說：「禪師，我的罪過太大了，很多年以來我一直寢食難安，難以擺脫心魔的困擾，所以我才來找您，請您為我澄清心靈。」

禪師對他說：「你找錯人了，我的罪孽可能比你的更深重。」

強盜說：「我做過很多壞事。」

禪師說：「我曾經做過的壞事肯定比你做的還要多。」

強盜又說：「我殺過很多人，只要閉上眼睛，我就能看見他們的鮮血。」

禪師也說：「我也殺過很多人，我不用閉上眼睛，就能看見他們的鮮血。」

強盜說：「我做的一些事簡直沒有人性。」

禪師回答：「我都不敢去想那些我以前做過的沒人性的事。」

強盜聽禪師這麼說，便用一種鄙夷的眼神看了禪師一眼，說：「既然你是這麼一個人，為什麼自稱為禪師，還在這裡騙人呢？」

於是他起身，一臉輕鬆地下山去了。

等到那個強盜離去以後，禪師的弟子滿臉疑惑地問禪師：「師傅，您為什麼要這樣說啊？您一生中從未殺過生。您為什麼要把自己說成十惡不赦的壞人呢？」

禪師說道：「你難道沒有從他的眼神中，看到他如釋重負的感覺嗎？還有什麼比讓他棄惡從善更好的呢？」

因為心存善念，而標榜自己是一個善良的人，是淺薄的。真正的善良是有善念，還能行善行。知易行難，然而，只要心存菩提，又何必在乎外在的毀譽、表面的得失呢？行善行，內心世界裡便已種下了快樂的種子。

真正的善行，必然需要超過常人的節操，以及常人在情感上所不能忍耐的氣度。突然遭逢意外時不驚慌失措，受到冤枉侮辱時也不憤怒委屈，這是因為他們不計較個人榮辱得失，對世人抱有悲憫慈愛之心，懷有以一己之力度眾人之苦的大志向。

CHAPTER 08

做情緒的最高主宰

都市身心靈情緒調節課

情緒如同一枚炸藥，隨時可能將人炸得粉身碎骨。遇到喜事喜極而泣，遇到悲傷的事情一蹶不振，人世間的悲歡離合都被人的心緒所左右。其實人生不可避免地要經歷很多不如意的事情，很多事情也並不是我們自己可以自由選擇的。所以接受所有發生的事情吧！多一點樂觀，多把事情往好處想，不要讓失意的事情來影響你的情緒，這樣你會更容易快樂，更容易跨越所有阻礙與困難。

情緒是切好的蔬菜，掌勺的是你自己

一隻美麗的蝴蝶在朦朧的暮色中飛來飛去，盡情地享受著傍晚的清涼。突然，遠處的一座房子裡透出了一點閃亮的燈光，好玩的蝴蝶旋即飛過去想看個究竟。當牠飛進房子裡的時候，看見窗臺上亮著一盞油燈，燈光就是從油燈那燃燒的火焰上發出來的。蝴蝶一邊好奇地打量著油燈，一邊繞著油燈上下飛舞著，牠覺得這陌生的東西真是漂亮迷人啊！

單是欣賞還不夠，蝴蝶決定要跟亮眼的火花認識一下，還要和它一起遊戲，就像平時在公園裡坐在花瓣上蕩秋千似的玩耍一會兒。牠轉過身子，朝著燈焰直飛了過去。突然，蝴蝶覺得身上一陣劇烈的刺痛，而且有一股氣流把牠向上推去。

心驚肉跳的蝴蝶趕緊在小油燈旁停了下來，牠吃驚地發現：自己的一條腿不見了，那漂亮的翅膀也被燒了一個很大的洞。「怎麼會發生這樣的事呢？」蝴蝶左思右想，一時找不到答案。牠壓根就不會相信，如此漂亮迷人的火花會給牠帶來災難。

蝴蝶從震驚中漸漸地清醒過來，牠主觀地斷定燈光不會傷害自己。牠再度下定決心要和燈光交個朋友，好好地同它玩一玩。主意已定，蝴蝶就忍著劇痛，重新振翅飛了起來。

牠圍繞著油燈來回好幾次，始終覺得燈光絲毫沒有傷害自己的意思。於是，牠放心大膽地向燈焰撲了過去，想在它上面蕩秋千。誰知牠一飛到火焰中，立即就跌進了油燈裡。

「你太無情，太殘酷了。」蝴蝶有氣無力地對油燈說。「我看你是那樣的迷人，一心想和你交個朋友，沒想到你卻是如此險惡狠毒。可惜我覺悟得太晚了，我為自己的愚蠢付出了代價！」

「可憐的蝴蝶！」油燈回答說。「不是我殘酷無情，而是你自己太幼稚天真了，你把我當成了灑滿月光的花朵，這難道是我的過錯嗎？我的使命是給人們帶來光明，但是誰如果不了解我，不懂得謹慎地使用我，就會被我的火焰燒傷。」

人們總是為心境的問題所困擾。其實，有時候情緒就是一盤待炒的蔬菜，我們把生活的鍋爐溫熱，菜的口味是怎樣的，都是我們自己來決定的。

理性的面對生活，不要把油燈當成灑滿月光的花朵。人生的旅程沒有坦途，晴朗的天空也會出現陰霾，明朗的心境也會飄過陰雲。我們會因小小的挫折而悲觀，會因自己的境遇而自卑，會為殘花的敗落而黯然神傷、潸然淚下，會為無端的小事而暴怒、吵鬧，會為茫然的前景而惶恐，會為生活的瑣事而煩惱。

對生活充滿樂觀，才會得到它的寵幸

樂觀是無形的，但它是有力量的，而且樂觀的力量又是超乎想像的。樂觀的人就是懂得圓融的看待生活和問題，他們總能在困難和不幸中發現美好的事物。他們總能向前看，他們相信自己，相信自己能主宰一切，正如哈佛教授亨利・霍夫曼所說：「你是否快樂或痛苦，不完全取決於你得到什麼，更多的在於你用心去感受到了什麼。」

蘇珊娜是由非常正面積極且善於解決問題的母親撫養長大的。母親善於鼓舞激勵的教育，對蘇珊娜的成長帶來莫大的幫助。

蘇珊娜剛滿四歲的時候，父親就因心臟病去世了。當時，她的母親只有二十七歲，帶著兩個孩子，又沒有錢。突如其來的厄運給她的打擊幾乎是致命的，使她一度陷於絕望。但她終於重新振作起來，鼓足勇氣活下去。在蘇珊娜的父親過世後的好幾年裡，她們家非常窮，怎樣勉強填飽肚子是母親最擔心的事。但是她的母親沒有為家境貧窮而煩惱，而是積極設法去掙錢，在家裡為一個當律師而雇不起全日祕書的鄰居做打字工作。蘇珊娜也找到一個貼補家用的門路，她八歲的時候，就教鄰居一些還沒上學的孩子識字。那些孩子的父母親很感激，便供給她食宿費用。

蘇珊娜最敬佩的，就是母親那種樂觀的情緒。她記得，如果遇到五件難題，母親就會說：「沒遇到六件難題，這不是走運嗎？」當時買不起汽車，母親就說：「咱們住得離公共汽車站這麼近，難道還不滿意嗎？」過節的時候沒錢給她買新衣服，母親就用家裡的舊衣服拼拼湊湊地做一件，然後自豪於自己的手藝。她一直都是興高采烈地處理這些難題。

蘇珊娜在學校上學的時候，有一次沒被選上班級幹部。母親說：「好呀，現在有時間來籌畫搞一次比較成功的競選運動了，下次選舉你一定能夠當選。」

多年耳聞目睹她的母親這樣樂觀積極地處理問題，蘇珊娜也具有積極的生活態度。凡是遇到困難的時候，她就以學來的樂觀情緒去對待，戰勝困難。母親微笑的臉和充滿鼓勵的話，總是給她鼓勁，激發她的勇氣。每當她情緒消沉，抱怨不滿或者在學校裡碰到難辦的事情，對母親的回憶就會幫她堅持下去，然後得到一個很好的結果。不管是對待工作的問題、親戚的問題，還是對待她自己的問題，都是這樣。

牛頓說：「愉快的生活是由愉快的思想造成的，愉快的思想又是由樂觀的個性產生的。」的確，生活是你自己的，選擇快樂還是痛苦都由你決定。要想贏得人生，就不能總把目光停留在那些消極的東西上，那只會使你沮喪、自卑、徒增煩惱。

悅納煩惱，將心事交於清風浮雲

老子說：「禍兮福之所倚，福兮禍之所伏。」壞事可以引出好的結果，好事也可以引出壞的結果。當事業遇到瓶頸的時候，千萬不要灰心喪氣，應接受現實，並想辦法突破，因為這剛好是你百尺竿頭更進一步的大好機會；當你在工作中遭遇重大失敗的時候，千萬不要情緒低迷，這是一件好事情，因為經驗教訓是一筆寶貴的財富，你會避免今後再犯此類錯誤；當你與同事關係不好的時候，這也不是什麼壞事情，因為這說明你該反省自己了，人只有不斷反省才能不斷成長進步。

從前，有一個國家的宰相常常主張「一切都是最好的安排」，這種態度讓國王覺得又可笑又有些厭煩。

有一天，國王準備外出，突然下起了大雨，這讓國王非常掃興。

這時宰相說：「這是一件好事情，大雨過後的街道一定會被沖刷得很乾淨，國王您就可以享受清新的空氣了。」

國王沒說什麼。又一次，國王準備外出巡視時卻遇到了酷熱的天氣，十分鬱悶。

這時宰相又對國王說：「這是一件好事情，在這麼炎熱的天氣下出巡才能了解百姓的疾苦。」

國王忍著一股無名火沒有發作。

後來，國王在檢查獵器時，不小心被獵器斬斷了一截手指。宰相居然也認為這是上天最好的安排，是一件好事情。

國王終於忍無可忍，立即把他打入大牢，並以嘲諷口吻問宰相：「你認為這是一件好事情嗎？你認為這也是最好的安排嗎？」

沒想到宰相居然還是回答：「這是最好的安排。」

國王更生氣了，便惡狠狠地說：「好，既然你認為好，那你就繼續在這裡待著吧！」

過了兩天，國王去打獵，不小心誤入森林深處，被食人族捉住了。當晚，食人族準備了柴火，架起了大鍋，準備烹飪國王。但是，當食人族清洗國王身體的時候卻發現國王少了根手指頭，這在族內是大忌，因為他們認為不完整的動物是不祥之物。於是他們用特有的儀式把國王送出距離他們很遠的森林之外。

劫後餘生的國王回國後做的第一件事情就是去牢裡拜見宰相，他激動地說：「斷了指頭果真是一件好事情。」

過了一會他突然想起了什麼，他問宰相：「難道我把你關在牢裡這麼多天也是好事情嗎？」

宰相說：「當然是好事情了，陛下您想，如果我不在牢裡，而是像以往那樣陪同您去打獵的話，我們都會被食人族捉住。您會因為那個斷指而保全性命，但我必死無疑，因為我很完整啊！」

國王終於因而開悟——任何事情都有正反兩面，你所接受的都是最好的安排。

馬可・奧里略認為：「如果神靈對於我，對於必須發生於我的事情，都已經作出了決定，那麼祂們的決定便是恰當的。」他勸自己要接受所有發生在他身上的事情，這在很多人看來，可能是順從命運的消極主義看法。但是，在很多時候，很多東西並不是我們可以預測的，未來也不是憑我們的意志就可以改變的。世界上沒有絕對的事情，塞翁失馬，焉知非福？任何事情都是變化無常的，好的事情也會變壞，有的時候壞的事情也會出現好的轉機。

拋開負面情緒的困擾，聽到真實的聲音

雨後，一隻蜘蛛艱難地向牆上已經支離破碎的網爬去，由於牆壁潮濕，牠爬到一定的高度，就會掉下來，但牠不放棄，繼續一次次地向上爬，一次次地掉下來……。

第一個人看到了，歎了一口氣，自言自語：「我的一生不正如這隻蜘蛛嗎？忙忙碌碌而無所得。」於是，他日漸消沉。

第二個人看到了，他說：「這只蜘蛛真愚蠢，為什麼不從旁邊乾燥的地方繞一下爬上去？我才不要像牠那樣愚蠢。」於是，他變得聰明起來。

第三個人看到了，立刻被蜘蛛屢敗屢戰的精神感動了。於是，他變得堅強起來。

現代人越來越容易感染負面的情緒。負面情緒強大的人，看不到漫天飄灑的雲彩，只會一味地擔心天會下雨；看不到拳擊手被擊倒後爬起來的頑強，只為他的傷痕累累而心悸。這樣的人，一個很小的打擊也足以使他絕望，讓他落得一敗塗地。

衛斯理為了領略山間的野趣，一個人來到一片陌生的山林，左轉右轉，迷失了方向。正

當他一籌莫展的時候，迎面走來了一個挑著山貨的美麗少女。

少女嫣然一笑，問道：「先生是從景點那邊迷失的吧？請跟我來吧！我帶你抄小路往山下趕，那裡有旅遊公司的汽車在等著你。」衛斯理跟著少女穿越叢林，陽光在林間映出千萬道漂亮的光柱，晶瑩的水汽在光柱裡飄飄忽忽。

正當他陶醉於這美妙的景致時，少女開口說話了：「先生，前面就是我們這兒的鬼谷，是這片山林中最危險的路段，一不小心就會摔進萬丈深淵。我們這兒的規矩是路過此地，一定要挑點或者扛點什麼東西。」

衛斯理驚訝地說：「這麼危險的地方，再負重前行，那不是更危險嗎？」

少女笑了，解釋道：「當你意識到危險，才會更加集中精力，那樣反而會更安全。這兒發生過好幾起墜谷事件，都是迷路的遊客在毫無壓力的情況下，一不小心摔下去的。我們每天都挑東西來來去去，卻從來沒人出事。」

衛斯理冒出一身冷汗，對少女的解釋十分懷疑。他讓少女先走，自己去尋找別的路，企圖繞過鬼谷。

少女無奈，只好一個人走了。

衛斯理在山間來回繞了兩圈，也沒有找到下山的路。眼看天色將晚，衛斯理還在猶豫不決。夜裡的山間極不安全，在山裡過夜，他恐懼；過鬼谷下山，他也恐懼。況且，此時只有他一個人。

後來，山間又走來一個挑山貨的少女。極度恐懼的衛斯理攔住少女，請她幫自己拿主意。

少女沉默著將兩根沉沉的木條遞到衛斯理的手上。衛斯理膽戰心驚地跟在少女身後，小心翼翼地走過了這段鬼谷。

過了一段時間，衛斯理故意挑著東西又走了一次鬼谷。這時，他才發現鬼谷沒有想像中那麼深，最深的是自己想像中的恐懼。

有些人對一些並不可怕的事情有著恐懼的心理，他們自知這種恐懼是完全不必要的，甚至是一種不正常的表現，但卻無法控制自己，即使盡了很大努力也依然無法擺脫，因而感到極為不安。許多人幾乎對生活中所有的事物都懷著畏懼之心：他們怕風，怕受寒；他們吃東西時怕有毒素，經營商業時怕賠錢；他們怕人言，怕輿論；他們怕困苦的到來，怕失敗，怕雷電，怕暴風……他們的生命充滿了恐懼。這些負面情緒影響了他們對自己以及世界的清晰認識，因而錯失了提升自己的最好機會。也就在這種低落的情緒中，與成功漸行漸遠。

人都有害怕的事物，可是越是逃避、就越害怕，這是不變的真理。既然無法讓恐懼感消失，就學習跟它和平共處吧！

建立正向的感覺、想法和行為

芬妮是一個脾氣暴躁、情緒起伏很大的女孩，由於經常為了小事與人起衝突，她的人際關係越來越緊張，結果男友也難以忍受她的壞脾氣，和她分手。這件事讓她因此處於崩潰邊緣。

她打電話向朋友詹森求救。詹森向她保證：「芬妮，我知道現在對妳來說是有點糟，可是只要經過適當的指引，一切就會好轉。妳現在的第一件事是讓自己安靜下來，好好地享受一下寧靜的生活。」

聽了詹森的話，芬妮開始試著放棄先前忙碌的生活，好好地放鬆一下自己，給自己休了一個長假。當她放鬆了一段時間之後，二人見了面，詹森建議道：「在妳發脾氣之前，不妨想想，究竟是哪一點觸動了妳？妳可以擁有兩種方向，一種是讓每件事情都在腦海裡劇烈地翻攪；另一種則是順其自然，讓思想自己去決定。」

說著，詹森拿出了兩個透明的刻度瓶，然後分別裝了一半刻度的清水，隨後又拿出了兩個塑膠袋。芬妮打開來，發現分別是白色和藍色的玻璃珠。

詹森說：「當妳生氣的時候，就把一顆藍色的玻璃珠放到左邊的刻度瓶裡；當妳克制住自己的時候，就把一顆白色的玻璃珠放到右邊的刻度瓶裡。最關鍵的是，現在，妳該學會控制自己的情緒，如果妳不試著控制自己的情緒，妳會繼續把生活搞得一團糟。」

此後的一段時間內，芬妮一直照著詹森的建議去做。後來，在詹森的一次造訪中，兩個人把兩個瓶中的玻璃珠都撈了出來。

芬妮發現，那個放藍色玻璃珠的水變成了藍色。原來，這些藍色玻璃珠是在白色玻璃珠上塗了一層藍色顏料做成的。這些玻璃珠放到水中之後，藍色染料便溶於水中，水就呈現了藍色。

詹森對芬妮說：「你看，原來的清水投入『壞脾氣』後，也被污染了。你的言語舉止，是會感染別人的，就像玻璃珠一樣。當心情不好的時候，要控制自己。否則，壞脾氣一旦投射到別人身上的時候，就會對別人造成傷害，再也不能回復到以前。所以一定要控制好自己的言行。」

芬妮後來發現，按照詹森的建議去做時，自己的情緒不會那麼暴躁了，事情也容易理出頭緒。在此之前，她的心裡早已容不下任何新的想法和三思而後行的念頭，已經形成了一種憂慮的習性，這些讓她慌亂而情緒化。當詹森再次造訪的時候，兩個人又驚喜地發現，那個放白色玻璃珠的刻度瓶竟然溢出水來——看來芬妮對自己的克制成效不小。慢慢地，芬妮已學會把自己當成一個思想的旁觀者，來看清自己的意念。一旦有了不好的想法時，她能快速地發現，然後及時制止負面情緒蔓延。如此持續了一年後，她逐漸能夠控制自己，生活也步入常軌，並重新得到了一位優秀男士的愛，幸福也在她的生活中漸漸展現出來。

任情緒失控、受壞情緒擺佈的人往往是生活的弱者。當你要發脾氣的時候，應該做的第一件事就是盡量讓自己安靜和放鬆下來，冷靜下來解決問題。讓我們學會成為情緒的主人，以積極的心態去建立正面、正確的思想與行為，而不是讓脾氣發作，被情緒牽著走。

反觀自己，有意識的克制

傳說，遠古時候鱷魚曾經是地球上數量龐大的生物之一，無論是平原、森林，還是沼澤，到處都可以看到鱷魚的身影。鱷魚家族的興旺，招致了恐龍家族的忌恨和圍剿。面對家族成員的凋零，生存地域越來越狹小的境地，鱷魚大王只知道感歎昔日的輝煌，哀歎現在的不幸，終日以淚洗面，無所作為。蚯蚓大王見了，好心地勸告鱷魚大王：「別只顧用淚水浸泡往事了，採取實際行動加緊鍛煉吧，這樣或許還能爭回些地盤。」

鱷魚大王不屑一顧地說：「你這種只知道鑽地的東西，輪得上你來教訓我嗎？」

蚯蚓大王聽了，搖了搖頭，再也不說什麼，帶著牠的一大群臣民和子孫繼續在土壤中耕耘。鱷魚大王仍不思進取，除了退讓就是一味地流淚歎息。

就這樣，過了一個又一個世紀，直到恐龍滅絕了，鱷魚家族還是未能恢復往昔的繁榮，如今在平原和大森林中再也難覓牠們的身影。牠們躲到了沼澤、湖泊、河流中去生存，唯一保持不變的只有那時不時流淚的特性，但是人們對牠們流的這種淚不再抱以同情的態度，而是把「鱷魚的眼淚」當成假仁假義的代名詞。

至於蚯蚓家族呢，它們不但用汗水為人類貢獻了大量的肥沃土壤，而且用汗水換來了家族的繁榮，現在地球上的每一個角落，都有蚯蚓大王的子孫。

在一個人成就事業的過程中，對情緒的掌控是決定成敗的關鍵特質。當你想發脾氣的時候，駕馭好自己的情緒，增強自制力，是取得成功的一個重要因素，也是成功人生的重要法則之一。

一個窮人從倒塌的牆縫裡挖出了一罈金子，一夜暴富。有了錢之後，這位窮人想讓自己變得更聰明一些，於是，他向一位老人求教，希望老人能指點迷津。

老人告訴他：「你有錢，別人有智慧，你為什麼不用你的錢去買別人的智慧呢？」

於是他就來到城裡，見到一個智者，就問道：「你能把你的智慧賣給我嗎？」

智者答道：「我的智慧很貴，一句話一百兩銀子。」

那個窮人說：「只要能買到智慧，多少錢我都願意出！」

於是那個智者對他說道：「遇到困難不要急著處理，向前走三步，然後再向後退三步，往返三次，你就能得到智慧了。」

「智慧這麼簡單嗎？」窮人聽了將信將疑，生怕智者騙他的錢。

智者從他的眼中看出他的心思了，於是對他說：「你先回去吧，如果覺得我的智慧不值這些錢，那你就不要來了，如果覺得值，就回來給我送錢！」

窮人當晚回家，在昏暗中，他發現妻子居然和一個人睡在床上，頓時怒從心生，拿起菜刀準備將那個人殺掉。

突然，他想到白天買來的智慧，於是他便前進三步，後退三步，來回做了三次。突然間，那個與妻同眠者驚醒過來，問道：「兒啊，你在幹什麼呢？深更半夜的！」

窮人聽出聲音是自己的母親，心裡暗驚：「若不是白天我買來的智慧，今天就錯殺母親了！」

第二天，他趕緊去給那個智者送錢。

達爾文說，人一旦發脾氣，就等於在人類進步的階梯上倒退了一步。我們在遇到不如意的事情時，常常會不分青紅皂白地大發雷霆。與別人起了糾紛的時候，要懂得控制自己的情緒，既不要把自己的憤怒壓抑在心底，也不要向別人胡亂發洩憤怒情緒，應設法找出緩解憤怒情緒的方式。一切都等情緒緩解，內心平靜了再做決定。很多悲劇都是由於一時衝動和魯莽造成的，如果我們遇事能夠保持冷靜，等了解事情真相後再做決定，將可避免不必要的悲劇發生。

誰都不可能逃回過去

一個夏天的下午，在紐約的一間中國餐廳裡，奧里森・科爾在等待著，他感到沮喪而消沉。由於他在工作中出了幾個錯，導致他未能完成一項相當重要的案子。這件事使得他非常沮喪，即使是即將與最珍視的朋友見面，也無法像平時一樣快樂。他的朋友終於從街的另一頭走過來了，他是一名了不起的精神病醫生。他的診所就在附近，科爾知道那天他剛剛和最後一名病人談完了話。

「怎麼樣，年輕人？」醫生不加寒暄地說。「什麼事讓你不痛快？」對醫生這種洞察心事的本領，科爾早就不意外了，因此他直截了當地告訴朋友自己煩惱的事情。

然後，醫生說：「來吧，到我的診所去。我要看看你的反應。」

醫生從一個硬紙盒裡拿出一卷錄音帶，塞進答錄機裡。「在這卷錄音帶上，」他說：「一共有三個來看我的人所說的話。當然沒有必要說出來他們的名字。我要你注意聽他們說的話，看看你能不能挑出支配了這三個案例的共同因素，答案只有四個字。」他微笑了一下。

在科爾聽起來，錄音帶上這三個聲音共有的特點是不快活。第一位是個男人，顯示他遭到了某種生意上的損失或失敗。第二位是個女人，說她因為照顧寡母的責任感，以至於一直沒能結婚，她心酸地述說她錯過了很多結婚的機會。第三個是一位母親，因為她十幾歲的兒子和員警有了衝突，她一直在責備自己。

在三組談話內容中，科爾聽到他們一共六次用到四個字，那就是「如果……只要」。

「你一定大感驚奇。」醫生說。「你知道我每天坐在這張椅子裡，聽到成千上萬用這幾個字作開頭的內疚的話。他們不停地說，直到我要他們停下來。有的時候我會要他們聽剛才你聽的錄音帶，我對他們說：『只要你不再說「如果」和「只要」，我們或許就能把問題解決掉！』」

醫生伸伸他的腿，繼續說：「用『如果』和『只要』這四個字的問題，是因為這幾個字不能改變既成的事實，卻使我們朝著錯誤的方向，向後退而不是向前進，而且只是浪費時間。最後，如果你用這幾個字成了習慣，那麼這幾個字就很可能變成阻礙你成功的真正的障礙，成為你不再去努力的藉口。」

「現在就拿你自己的例子來說吧。你的計畫沒有成功，為什麼？因為你犯了一些錯誤。那有什麼關係！每個人都會犯錯誤，錯誤能讓我們學到教訓。但是在你告訴我你犯了錯誤，而為這個遺憾、為那個懊悔的時候，你並沒有從這些錯誤中學到什麼。」

「你怎麼知道？」科爾帶著一點辯護的心態說。

醫生說：「因為你沒有脫離過去式，你沒有一句話提到未來。從某些方面來說，你十分誠實，你內心裡還以此為樂。我們每個人都有一些不太好的毛病，喜歡一再討論過去的錯誤。因為不論怎麼說，在敘述過去的災難或挫折的時候，你還是主要角色，你還是整個事件的中心人……」

在醫生的開導下，科爾終於意識到，自己沉浸在過去錯失的陰影中，還沒有真正走出自我，並用積極上進的態度去改變現在的處境。醫生告訴科爾，他患上了嚴重的「懷舊病」，而採用「如果……只要」這類字眼正是懷舊病的重要特徵。

應該說，一個人適當懷舊是正常的，也是必要的，但是一味地沉湎於過去而否認現在和將來，就會陷入病態。患了這種懷舊病的人，會喪失追尋新生活的自信。我們常聽到人們如此哀歎：「要是如何如何就好了！」這是一種明顯的懷舊情緒，而且我們每個人都會不時地發出這種哀歎。實際上，這種沉重的情緒是徒勞無益的，它不但無法改變你曾經有過的過去，反而會影響你現在所做的一切。

我們在盡了自己的全力之後，難免還是會犯下一些錯誤的、荒誕的錯，完全不需要懷念過去的事，應盡快設法把這些忘掉。讓自己好好地、安詳地迎接新的一天，甩開失敗的迷思，以嶄新的精神重新展開新的一天。每一個新的一天，正是最好最美的一天。以前的事情或許是美好的，或許是悲哀的，但無論如何，它都不能被擺放在心靈的正中央，因為我們是活在當下。

消沉的人生，幸運之神也不會眷顧

人的一生不可能一帆風順，總會存在著各式各樣的挫折和困難。很多人在面對挫折與困難時喪失了挑戰的勇氣，從此甘於平庸；而有些人則憑著自己頑強不屈的性格，勇敢地挑戰挫折和困難，最終取得了勝利。

一八九九年七月二十一日，海明威出生於美國伊利諾州芝加哥市郊的橡樹園鎮，他十歲開始寫詩，十七歲時發表了他的小說《馬尼托的判斷》。上高中期間，海明威在學校週刊上發表作品。十四歲時，他曾學習過拳擊，第一次訓練，海明威被打得滿臉鮮血，躺倒在地。但第二天，海明威還是裹著紗布來了。二十個月之後，海明威在一次訓練中被擊中頭部，傷了左眼，這隻眼的視力再也沒有恢復。

一九一八年五月，海明威志願加入赴歐洲紅十字會救護隊，在車隊當司機，被授予中尉軍銜。七月初的一天夜裡，他的頭部、胸部、上肢、下肢都被炸成重傷，人們把他送進野戰醫院。他的膝蓋被打碎了，身上中的炮彈片和機槍彈頭多達兩百三十餘片。他一共動了十三次手術，換上了一塊白金做的膝蓋骨。有些彈片沒有取出來，到去世都留在體內。他在醫院躺了三個多月，接受了義大利政府頒發的十字軍勳章和勇敢勳章，這一年他剛滿十九歲。

日本偷襲珍珠港後，海明威參加了海軍，他以自己獨特的方式參戰，改裝了自己的遊艇，配備了電臺、機槍和幾百磅炸藥，他在古巴北部海面搜索德國的潛艇。一九四四年，他隨美軍在法國北部諾曼地登陸。他率領法國遊擊隊深入敵佔區，獲取大量情報，並因此獲得一枚銅質勳章。

記住莎士比亞曾經寫下的一句話：「當太陽下山時，每個靈魂都會再度誕生。」再度誕生就是你把失敗拋到腦後的機會。每一次的逆境、挫折、失敗以及不愉快的經歷，都隱藏著成功的契機，而不是增加你消沉的機會。

成功者並不一定具有超凡的智慧，命運之神也不會給予他特殊的照顧。相反的，幾乎所有成功的人都經歷過坎坷，都是命運多舛，而他們是從不幸的逆境中慨然前行。其關鍵在於成功的人有著頑強拚搏的性格，不會輕易被消沉的情緒左右。這種頑強的精神讓他們在面對困難和挫折時不消沉、不墮落，反而讓他們越挫越勇，最後成為真正的勇士，並在歷經艱難險阻、風風雨雨後收穫一片屬於自己的天地。

發怒之前找方法，不急於釋放怒火

當你用言語中傷他人的時候，傷的不僅是他人，還會傷了自己。生氣的時候盡量克制一下自己，重要的是找出解決問題的方法，而不只是一味追究責任，傷神也傷身。

這班公共汽車上的乘客不多，但也沒有空位子，有幾個人還站著，吊在把手上晃來晃去。一個年輕人，身旁有幾個大包，手裡拿著一張地圖正認真研究著，不時露出茫然的神色。他猶豫了半天，很不好意思地問售票員：「去頤和園應該在哪兒下車啊？」

售票員是個短頭髮的小姑娘，正剔著指甲。她抬頭看了一眼小夥子，說：「你坐錯方向了，應該到對面坐車。」說這些話其實沒什麼錯，她告知了小夥子應該趕緊改變乘車方向，到對面去搭車，但是她的話還沒結束：「拿著地圖都看不明白，還看個什麼勁兒啊！」

外地小夥子可是個有涵養的人，他嘿嘿笑了笑。旁邊有個大爺聽不下去了，他對外地小夥子說：「你不用往回坐，再往前坐四站換九〇四能到。」要是他的話說到這兒就結束了，那也還不錯，既幫助了別人，也挽回了北京人的形象。可這大爺又說了一句：「現在的年輕人吶，沒一個有教養的！」站在大爺旁邊的一位小姐不愛聽了：「大爺，不能說年輕人都沒教養吧，沒教養的畢竟是少數嘛！」這位小姐顯得真有教養——要不是又說了那最後一句話：「就像您這樣上了年紀看著挺慈祥的，不也有很多不幹好事的嗎？」

馬上就有幾個老年人指責起了那位小姐……這麼吵著鬧著，車就到站了。車門一開，售票員小姑娘說：「都別吵了，該下車的趕快下車吧，別把自己的正事兒給耽誤了……再吵下去車可不走了啊！煩不煩啊！」

煩！不僅她煩，所有乘客都煩了！罵售票員的，罵外地小夥子的，罵那位小姐的，罵天氣的……別提多熱鬧了！那個外地小夥子一直沒有說話，最後他實在受不了了，大叫道：「別吵了！都是我的錯，我自己沒看好地圖，讓大家跟著都生一肚子氣！大家就算給我面子，都別吵了行嗎？」

聽到他這麼一說，當然車上的人都不好意思再吵了，聲音很快平息下來。

這個故事讓人看了不禁發笑，卻又是我們在生活中常常遇到的事情。我們常常因為一些對自己不利的事情而生悶氣，為什麼老闆總是不漲薪資，為什麼另一半總是不理解自己，朋友為什麼會在關鍵的時刻明哲保身……等等，這些事情會讓我們一下子火藥味十足。但這樣的生氣並不利於解決任何問題，反而會讓我們的頭腦不清醒，甚至做出一些讓自己後悔終生的事情來。

嫉妒是前進力量的最大阻力

有兩家人，其中一家男主人表面上對另一家購置房產表示祝福，或者為對方的兒子考上大學而擊掌慶賀，但是回到自己家的時候，就變得惡狠狠起來：「憑什麼他這麼有錢，憑什麼他的兒子就能上大學，而我什麼都沒有呢？」他在心裡詛咒，每天都盼望他的鄰居倒楣，或盼望鄰居家著火，或盼望鄰居得個不治之症，或盼望下雨天雷能竄進鄰居家，劈死一兩個人，或盼望鄰居的兒子夭折……然而每當他看到鄰居時，鄰居總是活得好好的，並且微笑著和他打招呼。這時他的心裡就更加不痛快，恨不得往鄰居的院裡扔包炸藥，把鄰居炸死，但又怕償還人命。就這樣，他每天折磨自己，身體日漸消瘦，胸中就像堵了一塊石頭，吃不下也睡不著。

終於有一天，他決定給他的鄰居製造點晦氣。這天晚上，他在花圈店裡買了一個花圈，偷偷地給鄰居家送去。當他走到鄰居家門口時，聽到裡面有人在哭，此時鄰居正好從屋裡走出來，看到他送來一個花圈，忙說：「這麼快就過來了，謝謝！謝謝！」原來鄰居的父親剛剛去世。這人頓覺無趣，之招呼了兩聲，便走了出來。這使他覺得很窩火，不但沒有達到目的，反而把自己陷進去，讓別人撈了好處。

終於，他盼來了一個機會。有一天，神降臨在他面前，對他說：「現在我可以滿足你任何一個願望，但前提是你的鄰居會得到雙份的報酬。」

這個人高興不已。但他細心一想：如果我得到一份田產，鄰居就會得到兩份田產了；如果我要一箱金子，那鄰居就會得到兩箱金子了；更要命的是，如果我要一個絕色美女，那麼那個傢伙就會得到兩個絕色美女……他想來想去，不知道該提出什麼要求才好，他實在不甘心被鄰居白佔便宜。

最後，他一咬牙，說：「哎，祢挖我一隻眼珠吧！」

被嫉妒纏身的人終究得不到自己想要的東西，相反的，越是想要，失去的越多，就像文中的那個男人。愛默生告訴人們：「生活不是攀比，幸福源自珍惜。」嫉妒是一種難以公開的陰暗心理，是人們普遍存在著的人性弱點，有時嫉妒心理還會帶來毀滅。

在日常工作中，嫉妒心理常發生在一些與自己旗鼓相當、具有競爭力的人身上。例如：眼見競爭對手的一篇論文獲獎，獲得四面八方的稱讚和好評，這時就會心存芥蒂，事後可能會針對這篇論文，或就對方其他事情的破綻大力抨擊一番。對方再如法炮製，以牙還牙。如此惡性循環，必然影響雙方的事業發展和身心健康。如果被嫉妒心理困擾，難以解脫，很可能會引來自身的毀滅。

有一個人養了一隻山羊和一頭驢子。山羊發現驢子的食物比較豐富，便心生嫉妒。為了一解心中的不平，山羊便對驢子說：「主人待你多麼刻薄啊！一會兒要你在磨坊磨麥，一會兒又叫你運載重物。」接著又進一步對驢子說：「你不妨假裝突然生病，故意跌到溝裡，那麼你就有機會可以休息了。」

驢子聽了山羊的話，故意跌到溝裡，卻受了重傷。

主人請來獸醫為牠醫治。獸醫說：「必須用山羊的肺敷在驢子的傷處。」

為了醫好驢子，主人只好殺了山羊。

由此我們可以看出，嫉妒對一個人的傷害有多大，它是妨礙一個人取得成功的最大阻力，甚至會毀滅一個人。我們必須控制住自己，不需做傷害別人的過激行為，因為那樣做可能也會傷害你自己。

悲觀會影響對事物的判斷力

美國醫生做過這樣一個實驗：他們給患者服用安慰劑。這種安慰劑呈粉狀，是用水和糖加上色素配製而成的。當患者相信藥力，就是說，當他們對安慰劑的效力持樂觀態度時，治療效果就顯著。如果醫生自己也確信這個處方，療效就更為顯著。這一點已用實驗得到了證實。

悲觀態度是由精神引起，而且會影響到身體的健康，一個意外的事故證明了這一點。

一位鐵路工人被意外地鎖在一個冷凍車廂裡。不到二十個小時，冷凍車廂被打開時，這位工人已經死亡，醫生證實是凍死的。事後工作人員仔細檢查了車廂，發現冷氣開關並沒有打開。而那位工人確實是凍死了，這是因為他確信，在冷凍的情況下自己是不能活命的。所以，在極端的情況下，極度悲觀會導致死亡。一位樂觀主義者總是假設自己是成功的，也就是說，他在行動之前，已經有了百分之八十五的把握，認為自己會成功。而悲觀主義者在行動之前，卻已經確認自己是無可挽救了。

每個人對人生都有不同的看法。在如鋼鐵一般的現實裡，每個人都不可避免遭受各式各樣的打擊和挫折：例如因為考試落榜而精神委靡；因為失戀而痛苦憂傷；或是因為無法適應快節奏的工作而喪失鬥志……這些心理多半是人們意志薄弱、心態不成熟的一種表現。而這些異常的心理、悲觀的心態往往導致痛苦的人生，影響了對環境的正確看法。

有一個寓言故事是這樣詮釋悲觀與樂觀的：從前，有兩個人住在一座光禿禿的荒山上。第一個人很悲觀，一邊歎氣，一邊在山腳下為自己修著墳塋。第二個人很樂觀，成天樂呵呵的，在山坡上種了很多綠色的樹苗。歲月悠悠，轉眼過了四十年。第一個人老了，淚汪汪地打開墳塋的門，走了進去，再也沒有出來。第二個人卻精神抖擻，終日忙著在果樹下採摘著金色的果實。又過了許多年，第一個人的墳塋前長滿了草，還有野狼出沒。第二個人的那座花果山前卻花常開，樹常青，滿山閃耀著生命的輝煌。原來，悲觀與樂觀都是種子，只不過前者的果實叫無奈，後者的果實叫甘甜。

積極心態是邁向成功不可或缺的要素，積極心態是成功最重要的前提條件。人一旦將積極的心態運用到人生中的任何事情上，都會有意想不到的收穫。塑造陽光心態，坦然地面對一切，「不以物喜，不以己悲」，生命才會更自然，生活才會更輕鬆、更灑脫，才能真正享受人生的快樂。

悲觀者實際上是以自己悲觀消極的想法看待客觀世界，在悲觀者心中，現實是或多或少被醜化了的。現在社會上許多人，對未來和生活常常持有一種悲觀的迷茫心理；對自己的過去，不管有無成敗，不管有無輝煌，都一概加以否定。悲觀者應擺脫心理上的自責與痛苦，嘴上說不完的遺憾，對未來懷有信心，肯定自己的優勢與能力，積極找出自己的方向，擺脫消極與頹靡。

欲求太多，只會加重心靈的負擔

我們常人之所以有分別，完全因為起心動念。因此，心靜則萬物莫不自得，心動則事象差別現前，如何達到動靜一如的境界，關鍵就在我們的心是否能去除差別妄想。拋卻心中的妄念，才能夠使自己於利不趨，於色不近，於失不餒，於得不驕，進入寧靜致遠的人生境界。

老街上有一位老鐵匠，因為現代已經沒人需要打製的鐵器，而改賣鐵鍋、斧頭和拴小狗的鏈子。他的經營方式非常古老和傳統。人坐在門內，貨物擺在門外，不吆喝，不還價，晚上也不收攤。你無論什麼時候從這兒經過，都會看到他在竹椅上躺著，手裡是一個半導體，身旁是一把紫砂壺。他的生意也沒有好壞之說，每天的收入正好夠他吃飯和喝茶。他老了，已不再需要多餘的東西，因此他非常滿足。

一天，一個古董商從老街經過，偶然看到老鐵匠身旁的那把紫砂壺。因為那把壺古樸雅致，紫黑如墨，有清代製壺名家戴振公的風格，他走過去，順手端起那把壺。壺嘴內有一記印章，果然是戴振公的，商人驚喜不已。因為戴振公有捏泥成金的美名，據說他的作品現在僅存三件，一件在美國紐約州立博物館裡；一件在博物院；還有一件在泰國某位華僑手裡，是一九九三年在倫敦拍賣市場上，以十六萬美元的拍賣價買下的。

商人端著那把壺，想以十萬元的價格買下它。當他說出這個數字時，老鐵匠先是一驚，後來拒絕了，因為這把壺是他爺爺留下的，他們祖孫三代打鐵時都喝這把壺裡的水。壺雖沒賣，但商人走後，老鐵匠有生以來第一次失眠了。這把壺他用了近六十年，並且一直以為是把普普通通的壺，現在竟有人要以十萬元的價錢買下它，他回不過神來。過去他躺在椅子上喝水，都是閉著眼睛把壺放在小桌上，現在他總要坐起來再看一眼，這讓他非常不舒服。特別讓他不能容忍的是，當人們知道他有一把價值連城的茶壺後，蜂擁而至，有的問還有沒有其他的寶貝，有的開始向他借錢，更有甚者，晚上來敲他的門。他的生活被徹底打亂了，他不知該怎樣處置這把壺。

當那位商人帶著二十萬元現金，第二次登門的時候，老鐵匠再也坐不住了。他招來左右店鋪的人和前後鄰居，拿起一把斧頭，當眾把那把紫砂壺砸了個粉碎。後來，老鐵匠繼續賣鐵鍋、斧頭和拴小狗的鏈子，據說他活過了百歲。就這樣，老鐵匠打破了名利對心的束縛，重獲心靈的寧靜。

心靜，可以沉澱出生活中許多紛雜的浮躁，過濾出淺薄、粗率等人性的雜質，可以避免許多魯莽荒謬的事情發生。寧靜是一種氣質、一種修養、一種境界、一種充滿內涵的悠遠。

安之若素，沉默從容，肯定是比氣急敗壞、聲嘶力竭更顯涵養和理智。

不要輕易起心動念。如此才能達到「心靜則萬物莫不自得」的境界。其實，人生真的不必太急功近利，不如將心跳放緩，隨青山綠水而舞，見魚躍鳶飛而動。水流任急境常靜，花落雖頻意自閒。此心常在靜處，榮辱得失，誰能差遣我？人生常在靜中，紛擾紅塵，悟得禪心。

別在抑鬱中感受孤獨

有個女孩出身農家，自小勤奮好學，家中對她寄予很大的希望，她也想依靠自身的努力使父母生活得更好些。因此，她自小就埋頭苦讀，從小學到高中，再到大學，她的學習都很好。但由於一心讀書，她很少交朋友，根本就沒有什麼知心朋友。因此，她常感到很孤單。就業之後，因為工資較低，仍舊無法接濟父母，她心裡經常自責。

另一方面，她很難與人相處，總是獨來獨往，心中也很想與人交往，但又不敢，也不知道怎樣去結交朋友。四年前經人介紹與同事結婚，但夫妻兩人感情不好，常為一些小事吵架。因此，兩年來她有一種難以言狀的苦悶與憂鬱感，但又說不出什麼原因，總是感到前途渺茫，一切都不順心，老是想哭，但又哭不出來，即使是遇有喜事，她也毫無喜悅的心情。過去很有興趣去看電影、聽音樂，但後來漸漸感到索然無味。工作上也無法振作起來。

她深知如此長期憂鬱會傷害身體，但又苦於無法解脫。有時她感到很悲觀，甚至想一死了之，但對人生又有留戀，覺得死得不值，於是陷入不知如何是好的局面。

對於抑鬱的人來說，所有這些憐憫都無法穿透那堵把自己和世人隔開的牆壁。這封閉的牆內徹底隔絕了別人的好意，哪怕是極其微小的幫助，而且還用各種方式來懲罰自己。在抑鬱這座牢獄裡，抑鬱的罪犯同時充當了雙重角色：受難的囚犯和殘酷的罪人。

有一位心理醫生每天要看許多病人，並且要很有耐心地傾聽病人述說心中的憂鬱和焦慮。他每天所接觸的人都顯得愁眉苦臉，所以，他被那些不快樂的情緒感染得很不開心，日子一久，他覺得心中的壓力非常大。為了平衡自己的情緒、緩解壓力，他時常去看喜劇，目的就是為了讓自己開懷大笑一番。

有一天，他正低頭在一位病人的病歷卡上記錄診斷結果，卻聽到一個很熟悉的聲音說：「醫生，我很不快樂，生活中沒有讓我開心的事情，活著實在是沒有什麼意義，我真想死。」

心理醫生抬頭一看，竟是一張熟悉的面孔——是讓自己捧腹大笑的喜劇演員。這樣的巧遇，讓他不禁啞然失笑。

他低頭想了一下說：「這樣吧！你我交換一下，我當一天喜劇演員，你當一天心理醫生，怎麼樣？」喜劇演員原本以為這位心理醫生在開玩笑，但是看他一臉認真的表情，又不像是開玩笑，於是思考片刻，接受了這個建議。

喜劇演員扮演了一天「代理醫師」，除了藥方由在幕後的心理醫生開列之外，他有模有樣地詢問病人的病情，並且努力開導病人，引導他們尋找正確的人生方向。心理醫生在喜劇演員的教導之下，也在劇院表演了一幕喜劇。他忘卻了自己的醫師身分，在舞臺上裝瘋賣傻，惹得觀眾捧腹大笑。他站在舞臺之上，看到台下有這麼多的笑臉，他的心情也好極了。之後，兩人又恢復各自的身分。

有一天，喜劇演員又掛號來看心理醫師。「醫師，我找到了平衡點，現在我知道了，其實我的工作非常有意義，我的每一個喜劇動作所引起的每個笑容都是我的成就。我不想死了，因為我的存在可以幫助那麼多不快樂的人，讓他們獲得心理上的平衡。」喜劇演員容光煥發地說。

心理醫生微笑著點了點頭說：「是啊！我也要謝謝你讓我有機會知道，我也有能力製造許多的笑臉。」從此以後，當病人坐在候診室等候看病時，都能聽到由診療室中傳出來的幽默話語和病人的笑聲。

抑鬱不單純是孤獨感，它還是一種隔離，這種隔離改變了你對周圍環境的正常感覺。我們周圍常常有這類人，當生活環境發生重大變化而呈現出巨大反差時，當人生之旅中出現一些變故、遇到一些挫折時，或者僅僅是環境不如意時，便精神不振、心神不定，百無聊賴而焦躁不安，不思茶飯，更無心工作，甚至不想生活，整個兒跌入消極頹喪中。情緒低落時，不妨轉換思路，換個邏輯去看待世間事，避免走入抑鬱的深谷，悲傷的不歸路。

滌蕩嘮嘮叨叨的爭吵，彈奏鍋碗瓢盆的和諧

天沒放晴，是因為雨沒下透，下透了，自然就晴了。我們總是覺得生活虧待了自己，所以總是對生活懷有很大的怨氣。這些怨氣發洩出來的時候，又會牽連到我們身邊的人，於是很多無緣無故的爭吵，破壞了我們生活的和諧……

有兩個有著特殊背景的人都有著亞洲血統，後來都被來自歐洲的外交官家庭所收養。兩個人都上過世界各地有名的學校。但他們之間存在著不小的差別：其中一位是40歲出頭的成功商人，他實際上已經可以退休享受人生了；而另一個是學校教師，收入低，並且一直覺得自己的人生很失敗。

有一天，他們一起去吃晚飯。晚餐在燭光映照中開場了，他們開始談論在異國他鄉的趣聞軼事。隨著話題的展開，那位學校教師開始講述自己的不幸：他是一個多麼可憐的亞細亞孤兒，又如何被歐洲來的父母領養到遙遠的瑞士，他覺得自己是如何的孤獨。

一開始的時候，大家都表現出同情。隨著他的怨氣越發嚴重，商人越來越不耐煩，終於忍不住制止了教師的埋怨：「夠了！你一直在講自己有多麼不幸。你有沒有想過如果你的養

父母當初在成百上千個孤兒中挑了別人又會怎樣？」

學校教師直視著商人說：「你不知道，我不開心的根源在於……」然後接著描述她所遭遇的不公正待遇。

最終，商人朋友說：「我不敢相信你還在這麼想！我記得自己二十五歲的時候無法忍受周圍的世界，我恨周圍的每一件事，每一個人，好像所有的人都在和我作對似的。我很傷心無奈，也很沮喪。我那時的想法和你現在的想法一樣，我們都有足夠的理由報怨。」商人越說越激動。「我勸你不要再這樣對待自己了！想一想你有多幸運，你不必像真正的孤兒那樣度過悲慘的一生，實際上你接受了非常好的教育。你負有幫助別人脫離貧困漩渦的責任，而不是找一堆自怨自艾的藉口包裝自己。我就是在擺脫了顧影自憐，同時意識到自己究竟有多幸運之後，我才獲得了現在的成功！

這位教師深受震撼。這是第一次有人否定他的想法，打斷了他的淒苦回憶，而這一切回憶曾是多麼容易引起他人的同情。商人朋友很清楚地說明他二人在同樣的環境下歷經掙扎，不同的是他透過清醒的自我選擇，讓自己看到了有利的方面，而不是不利的陰影，「凡牆都是門」，即使你面前的牆將你封堵得密不透風，你也依然可以把它視為你的一種出路。

瑣碎的日常生活中，每天都會有很多事情發生，如果你一直沉溺在已經發生的事情中，不停地抱怨，不斷地自責下去，你的心境就會變得越來越沮喪。只懂得抱怨的人，註定會活在迷離混沌的狀態中，看不見前頭亮著一片明朗的人生天空。

有時候，人生就是這樣的，你坦然面對，卻突然發現原來的事情都不算是事兒了。所以要學會控制自己的情緒，跟家人和朋友一起，享受坦然的生活，追逐自然的幸福。

排解焦慮，說出來是最好的方法

張明山是一名中學老師，前幾天他遇到了一件奇特而又有點可笑的事。

那天晚上，他已經快睡著了，突然接到一個名女性打來的電話，對方的第一句話就是：

「我恨透他了！」

「他是誰？」張明山疑惑地說。

「他是我的丈夫！」張明山想，噢，她是打錯電話了，就禮貌地告訴她：「你打錯電話了。」

然而，這個女人好像沒聽見似的，繼續說個不停：「我一天到晚照顧孩子和生病的老人，他還以為我在家裡享福。有時候，我想出去散散心，他都不准許我出去……他自己倒是天天晚上出去，說是有應酬，誰會相信……」

儘管這中間張明山一再打斷她的話，告訴她，他並不認識她，可她還是堅持把話說完了。

最後，她對張明山說：「您當然不認識我，可是這些話已被我壓了很久，現在我終於說出來了，舒服多了。謝謝您，打擾您了。」

這件事情似乎很可笑，其實也有辛酸的一面。這個女人因為積壓了過多的焦慮，已經到了非發洩不可的程度。為了自己心理的健康，她只好隨便找人發洩一氣了。還好，張明山的傾聽讓她暫時得到了情緒的緩解。

這個女人是讓人同情的，如果她不及時發洩，也許會出現精神錯亂，甚至更可怕的惡果。每個人的一生都會產生數不清的意念、情緒，但最終能實現、能滿足的卻並不多。一旦這樣的情緒和意願被壓制，就會產生一種心理上的能量，這種能量只有透過其他的途徑才能釋放出去，它自身不會絲毫地減少，這就好像物理學中的「能量守恆定律」，即使你在壓抑、克制階段意識不到它的存在，也只說明它從「顯意識層」，轉移到了「潛意識層」，對你的影響仍然存在，而且一直在找機會真正發洩出去。

王軍是某政府機關副處長，與處長關係處理得很不好，工作起來不愉快，想換其他部門又不可能，是繼續與處長對抗，還是妥協？或是尋求和解？王軍覺得自己根本找不到辦法，就開始逃避。

平時在工作上，他不表態，不提建議，進行消極對抗。煙酒不沾的他開始喝酒，業務上不求上進，喜歡回家看電視。因為不知如何應付與上司的人際關係，王軍長期失眠，情緒焦慮，胃口不好，常在家中發脾氣，甚至遷怒於妻兒。對此，他非常苦惱。

情緒就像洪水，不把它宣洩出去，就像往水庫裡蓄水，只會越漲越高，在心理上形成了一個強大的壓力，這勢必會造成精神的憂鬱與苦悶。對於這樣的情緒，最好的辦法是疏導，而不是堵塞。情緒的堵塞只能是暫時的，必須疏通，以免造成年久失修而「決堤」，屆時情況失控，恐怕便會更嚴重了。

找出讓自己開心的方式和途徑

適當的憂慮可以促使人奮發向上，激發向上的原動力。過度憂慮卻只會讓人成天憂心忡忡，久而久之便會成為習慣，進而影響到心情，改變了人生軌跡。凡事能夠退一步想，練習放下，憂慮便能隨之減輕，生活才會更加舒暢。

黃昏時刻，一名旅行者在森林中迷了路。天色漸漸暗了，眼看黑幕即將籠罩，黑暗的恐懼和危險，一步步逼近。他心裡明白：只要一步走錯，就有掉入深坑或是陷入泥沼的可能。還有潛伏在樹叢後面饑餓的野獸，正虎視眈眈地注意著他的動靜，一場狂風暴雨式的恐怖正威脅著他，侵襲著他。這時，夜空中，幾點微弱的星光，一閃一閃的，似乎帶來了一線光明，卻又不時地消失在黑暗裡，留給人迷茫。

突然間，旅行者眼前出現一位流浪漢踽踽獨行，他不禁歡喜雀躍，上前探詢出去的路途。這位陌生的流浪漢很友善地答應幫助他。可他發現這位流浪漢和他一樣迷途。於是他失望地離開了這位迷途的陌生夥伴，再一次回到自己的路線上來。

不久，他又碰上了第二個陌生人，那人肯定地說他擁有離開森林的精確地圖，他再跟隨這個新的導引，終於發現這是一個自欺欺人的人，他的地圖只不過是他自我欺騙情緒的結果而已。

於是他陷入深深的絕望之中，他曾經竭力問他們有關走出森林的知識，但他們的眼神後面隱藏著憂慮和不安。他知道：他們和他一樣地迷茫。他漫無目的地走著，一路的驚慌和失誤，使他由彷徨、失落而恐懼。無意間，當他把手插入口袋時，他找到了一張正確的地圖。

他若有所悟地笑了：原來地圖始終就在這裡，只要從自己本身去尋找就行了。他忙著詢問別人，反而忽略了最重要的事——回到自己身上找。

每個人都有一份情緒的地圖，可以指引自己離開憂慮和沮喪的森林。因此，生活中情緒的憂慮是多餘的。生活中不如意之事很多，只要能夠善於把握自我，控制好自己的情緒，相信必能遠離憂慮，迎接陽光燦爛的每一天。

無際大師是一位智者。一名青年為了得到他的教誨，揹了一個很大的行囊不遠千里跑來找他。

他說：「大師，我是那樣的孤獨、憂慮、痛苦和寂寞，長期的跋涉使我疲倦到極點；我的鞋子破了，荊棘割破了雙腳；手也受傷了，流血不止；嗓子因為長久的呼喊而沙啞……為什麼我還不能找到心中的目標？」

大師問：「你的行囊裡裝的什麼？」

青年說：「它對我來說很重要。裡面裝的是我每一次跌倒時的痛苦，每一次受傷後的哭泣，每一次孤寂時的煩惱……我就是靠著它，才能走到您這兒。」

於是，無際大師帶著青年來到河邊，他們坐船過了河。

上岸後，大師說：「你扛著船趕路吧！」

「什麼？扛著船趕路？」青年很驚訝。「它那麼沉重，我扛得動嗎？」

「是的，孩子，你扛不動它。」大師微微一笑，說：「過河時，船是有用的。但過了河，我們就要放下船趕路，否則，它會變成我們的包袱。痛苦、憂慮、孤獨、寂寞、災難、眼淚，這些對人生都是有用的，它能使生命得到昇華，但須臾不忘，就成了人生的包袱。放下它吧！孩子，生命是不能負重太多的！」

青年放下包袱，繼續趕路，他發覺自己的步伐輕鬆而愉悅，也比以前快得多了。原來，生命是可以不必如此負重的。對於跋涉在成功道路上的人來說，成功的每一步都要付出艱辛，相伴而來的就是憂慮。這個負面情緒是難以避免的。如果長期生活在憂慮和緊張中，心理狀況會變得十分混亂，且直接影響到精神和行為，甚至會造成極其不良的後果。我們應學會將這些情緒的包袱放到一邊，邁著輕鬆的腳步前進，讓人生充滿歡樂。

憤怒是靈魂對自身的摧殘

我們常常無法控制自己的怒氣，為了生活中大大小小的事情勃然大怒或是憤憤不平。憤怒是由對客觀現實某些方面的不滿而生成，例如，遭到失敗、遇到不平、個人自由受限制、言論遭人反對、無端受人侮辱、隱私被人揭穿、上當受騙等多種情形下，都會產生憤怒情緒。表面看起來這是因為自己的利益受到侵害，或是被人攻擊和排斥而激發的自我保護行為，其實，用憤怒的情緒困擾靈魂，仍然是一種自我傷害。

對身體健康的傷害只是其中一個層面，憤怒對於靈魂的摧殘尤為嚴重。由靈魂而生的憤怒情緒，會反撲傷害靈魂本身，讓靈魂變得躁動不安，失去原有的寧靜，也會變得無法提升自己的精力和時間，是一種自戕。

古代的皮索恩是一個品德高尚、受人尊敬的軍事領袖。一次，一個士兵偵察回來，沒能說清楚跟他一起去的另一個士兵的下落。皮索恩憤怒極了，當即決定處死這個士兵。就在這個士兵被帶到絞刑架前時，失蹤的士兵回來了。但結果出人意料：這位領袖竟由於羞愧而變得越發暴怒，竟一次處死了三個人。

在這位軍事領袖的身上，令人遺憾和痛心地表現出了憤怒摧毀理智的現象。而理智正是靈魂的高貴所在，人們任由靈魂自我傷害而不進行干預，如此無動於衷，是多麼的悲哀。

正如思想家蒲柏所說：「憤怒是拿別人的過錯來懲罰自己。」文學家托爾斯泰也說：「憤怒對別人有害，但憤怒時受害最深者乃是本人。」

我們憤怒於別人的言行，讓憤怒占據了大部分的靈魂空間，靈魂負載著重擔，再無法關照自身，更不能得到任何形式的提升，反而在憤怒情緒的支配下更加容易喪失理智，甚至於越來越遠離人的高貴，接近於動物的蒙昧和愚蠢。

結果，導致我們憤怒的人與事依然故我，他們繼續做著錯事，享受著愉悅的心情；

結果，因為憤怒，我們無法專注於眼前的工作，沒能妥善地履行自己的職責；

結果，我們只顧著憤怒，而無暇體驗生命中原本存在的其他美和善。

折磨我們的是自己的憤怒情緒，而不是其他人令人憤怒的行為。控制自己的憤怒情緒，從而避免讓靈魂受到傷害，完全可以在我們的力量範圍之內的。

有一位得道高人曾在山中生活三十年之久，他平靜淡泊，興趣高雅，不但喜歡參禪悟道，而且也喜愛花草樹木，尤其喜愛蘭花。他的家中前庭後院栽滿了各式各樣的蘭花，這些蘭花來自四面八方，全是年復一年地積聚所得。大家都說，蘭花就是高人的命根子。

這天高人有事要下山去，臨行前當然忘不了囑託弟子照看他的蘭花。弟子也樂得其事，上午他一盆一盆地認認真真澆水，最後輪到那盆蘭花中的珍品——君子蘭了，弟子更加小心翼翼，這可是師父的最愛啊！

但他也許澆了一上午的花，有些累了，越是小心翼翼，手就越不聽使喚，水壺滑下來砸在了花盆上，連花盆架也碰倒了，整盆蘭花都摔在了地上。這下可把弟子給嚇壞了，愣在那裡不知該怎麼辦才好，心想：師父回來看到這番景象，肯定會大發雷霆！他越想越害怕。

下午師父回來了，他知道了這件事後一點兒也沒生氣，而是平心靜氣地對弟子說了一句話：「我並不是為了生氣才種蘭花的。」

弟子聽了這句話，不僅放心了，也明白了。

無論經歷任何事情，我們都要制怒，在脈搏加快跳動之前，憑藉理智的偉力平靜自己。想一想，如果惹你生氣的人犯了錯誤，是由於某種他們無法控制的因素，我們為什麼還要憤怒呢？

如果不是這樣，那麼他們犯錯一定是由於善惡觀的錯誤。我們看到了這一點，說明在善惡觀的問題上，我們的靈魂比他們優越，比他們更理性，更能辨明是非黑白。對於他們，我們只有憐憫，不應有一絲憤怒。

對於犯了錯誤的人，我們應盡己所能平靜地勸誡他們，把他們當成理智生病的人來協助，心平氣和地向他們分析錯誤，然後繼續做你該做的事，過好自己的生活。

火氣太大，難免被列入作惡者之中

凡事不要冒火，不要記恨。看見公車上年輕的小夥子旁邊站著一個孕婦，可是那小夥子卻絲毫沒有讓座的意思；看見惡人亨通，明明就沒有好的品德，卻能夠吃香喝辣……我們常常惱火於一些枝微末節的小事，以至於對自己的家人卻無法心平氣和的說話。

當我們心懷不平的時候，一定要把火氣壓下去。即便你認為自己的理由很充分，但是發火並不是解決問題的最好方法。

羅斯福深得其子女的愛戴，這是眾所周知的。有一次，羅斯福的一位老友垂頭喪氣地來找羅斯福，說他的小兒子居然離家出走，到姑母家去住了。這男孩本來就桀驁不馴，這位父親把兒子說得一無是處，並指責他跟每個人都處不好。

羅斯福回答說：「胡說，我一點兒都不覺得你兒子有什麼不對。不過，一個人如果在家裡得不到合理的對待，他總會想辦法由其他方面得到的。」

幾天後，羅斯福無意中遇到那個男孩，就對他說：「我聽說你離家出走，是怎麼回事？」男孩回答：「是這樣的，上校，每次我有事找爸爸，他都會發火。他從不給我機會講完我的事，反正我從來沒有對過，我永遠都是錯的。」

羅斯福說：「孩子，你現在也許不會相信，不過，你父親才真正是你最好的朋友。對他來說，你是這世上最重要的人。」

「也許吧！上校，不過我真的希望他能用另一種方式來表達。」

接著羅斯福去告訴那位老友，發現幾乎令其驚訝的事實，他果然正如其兒子所形容的那樣暴跳如雷。

於是，羅斯福說：「你看！如果你跟兒子說話就像剛才那樣，我不奇怪他要離家出走，我還覺得奇怪他怎麼現在才出走呢？你真是應該跟他好好談一談，心平氣和地跟他溝通才是。」

跟孩子溝通需要的是耐性，因為孩子很少能理智地面對問題，如果我們強硬的表達自己的想法，他們肯定是不能理解，而且還會加重他們的叛逆思想。當孩子對我們的不滿越積越多的時候，在他們的眼裡，我們也就成了惡人，再沒有辦法走入他們的世界了。

同理，在處理事情的時候，如果無法冷靜地分析其中的緣由，提供解決問題的辦法，而單單用喝斥和責罵來表達你的情緒時，很可能會招致對方的不滿。儘管當時對方可能沒有表達對你的恨意，可是時間久了，他們也可能對你的反感與日俱增。

火氣越大的人越容易發怒，而憤怒常常讓人失去了理智。如果長期被這種情緒所控制，不僅會損害我們的身體，還可能在心理上形成焦躁、嫉妒、悔恨等情緒，讓我們的生活從此失去謙和的氣息。

試想，如果一個人總是粗暴的對待別人，經常嫉恨別人，那麼還會有人願意跟他相處嗎？我們要適時地控制自己的怒氣，別因為一時的衝動將自己打入惡人的行列。

發脾氣對環境的交互作用

如果我們的心中存在著不滿，總想找地方發洩出去，最為直接的情況就是發脾氣。很多人認為，發脾氣是最好的發洩方式，因為如果事情一直憋在心裡，很容易憋出病來。可是宣洩出去了，心裡就得到了放鬆，情緒上也會趨向平穩了。其實，這樣的說法是錯誤的。因為我們每個人都會相互影響，一個人的怒火在發脾氣中得到了釋放，必定會有其他人受到這個人的不良情緒影響，導致身心都受了委屈。如果每個人都選擇用發脾氣的方式來宣洩自己，這個世界恐怕便再也無和平與安寧了。

心理學上有一個「踢貓效應」的故事：

公司老闆因急於趕時間去公司，結果闖了兩個紅燈，被員警吊銷了駕駛執照。他感到十分沮喪和憤怒。他抱怨道：「今天真倒楣！」

到了辦公室，他把祕書叫進來問道：「交代妳打的那五封信打好了沒有？」

她回答：「沒有。我……」

老闆立刻火冒三丈，指責祕書：「不要找任何藉口！給我趕快完成！如果妳辦不到，我就交給別人，雖然妳在這兒幹了三年，但並不表示妳將終生受雇！」

祕書用力關上老闆的門走出來後，抱怨說：「真是糟透了！三年來，我一直盡力做好這份工作，經常加班熬夜，現在就因為我無法同時做好兩件事，就恐嚇要辭退我。豈有此理！」

祕書回家後仍然在發怒。她進了屋，看到八歲的孩子正躺著看電視，短褲上破了一個大洞。在極其憤怒之下，她嚷道：「我告訴你多少次了，放學回家不要去瞎瘋，你就是不聽。現在你給我回房間去，晚飯也別吃了。以後三個星期內不准你看電視！」

八歲的兒子一邊走出客廳，一邊說：「真是莫名其妙！媽媽也不給我機會解釋到底發生了什麼事，就衝著我發火。」就在這時，貓從他面前走過。

小孩狠狠地踢了貓一腳，罵道：「給我滾出去！你這隻該死的臭貓！」

從這個故事中我們可以發現：本來只是一個人的憤怒情緒，可是經過了多番的傳遞，最後竟然將怒氣轉嫁到了貓的身上。這隻貓沒有辦法像人類一樣發洩自己的不滿，否則這樣的情緒繼續傳遞下去的話，大概會沒有盡頭了。所以，在面對自己的不良情緒時，要盡可能地想辦法控制，而不是直接發洩出去。

當然，這裡說的「控制」，並不是說要自己不管遇到什麼事情都忍下來，有什麼委屈都不去反抗，而是練習將大事化小，小事化無。試想，我們每天都會面對很多人，經歷很多事情，如果別人不小心踩了自己一下，或者等公車的時候被撞到了頭，就覺得受到了莫大的委屈，之後就要發脾氣去怒火，那不是太不值得了嗎？

既然我們每個人都能影響別人和受到別人影響，那麼我們何不放下心中的怒火，給別人一片安寧，如此一來，我們從別人那裡得到的，也將是一種安寧。

靜心、除欲、恬淡生活

老子是中國古代偉大的哲學家、思想家、道學家派的創始人，老子的思想對中國的思想史、文化史、宗教史都有巨大而深遠的影響，他被譽為「東方巨人」、「中國和世界第一哲人」。他的著作《道德經》，內容涉及哲學、文學、兵學、美學、醫學、社會學、倫理學、天文學、養生學，被譽為百科全書。

老子認為，人應「寡欲」。在《道德經》第四十四章中，老子是這樣論述這個觀點的：「名與身孰親？身與貨孰多？得與亡孰病？甚愛必大費，多藏必厚亡。故知足不辱，知止不殆，可以長久。」意思是說，聲名和生命相比，哪一樣更為親切？生命和貨利比起來哪一樣更為貴重？獲得和失去相比，哪一個更有害？過分愛名利就必定要付出更多的代價；過於積斂財富，必定會招致更大的損失。所以說，懂得滿足，就不會受到屈辱；懂得適可而止，就不會遇見危險。這樣才可以保證長久的平安。

老子提出的這一觀點，被後世醫家和養生家視為恬淡虛無、少私寡欲的養生思想。而老子本人也遵循了這一養生觀點「隱居宋國沛地，自耕而食，自織而衣」，在恬淡舒適的田園生活中頤養天年。

當然，對現代人來說，要達到少私寡欲、恬淡虛無的境界是很不容易的。現代人的勞累和煩惱，多與誘惑和貪念有關，在誘惑面前動了心，又一時無法得到，於是不斷想方設法爭取。不論結果如何，過程都是痛苦的。所以，如果能抑制住自己的貪欲，像老子一樣快樂就是很簡單的事了。

現在大家對於清代的歷史很感興趣，從皇帝到貪官和珅，大家都很熟悉。和珅是滿洲正紅旗人，鈕祜祿氏。這個人的名字取得很美好，即便是老子聽了也會點頭示意。「和」字暗含和諧之意；「珅」是玉的名，人名用玉就是希望他像玉那樣美好。

和珅很有才能，據說他懂好幾種外族文字、翻譯能力特強，其他方面也很能幹。他生員出身，襲世職，乾隆時由侍衛提拔為戶部侍郎，並兼軍機大臣，執政二十多年，累官至文華殿大學士，封一等公。乾隆晚年對他極為信任，還與他結成兒女親家。但是隨著地位的變化，和珅心態變了，貪欲越來越大，到處要撈一把，非如此不過癮，甚至各地進貢給皇帝的貢品，都照撈不誤。據說他貪污的財產相當於當時清政府十五年財政收入的總和。

這是一種什麼樣的心態呢？難道他不怕嗎？如果分析一下他的心態，對於今人也很有用。其實有些貪官剛開始時，也是警惕的，也懂得害怕，而且是沒有貪念得。今天有許多貪官回憶一開始的時候，人家送他一條香菸、一把電動剃鬚刀都有些怕。但是時間長了，地位變高了，權力變大了，心中的貪欲便漸漸滋長出來，「名與身孰親」分不清，也不怕了。

如果老子看見和珅了，必然冷笑幾聲，也許會對和珅說三句話。

第一句話是：「天網恢恢，疏而不失。」（《老子》第七十三章）這句話的意思是：天道如大網，雖然很稀疏，但是沒有漏失。作惡多端的人，逃不出上天的懲罰。

第二句話：「金玉滿堂，莫之能守。」（《老子》第九章）這句話的意思是：金玉滿堂的人，古往今來有哪一個人守得住啊？那麼你要這些滿堂的金玉來做什麼？

第三句話：「富貴而驕，自譴其咎。」（《老子》第九章）貪官的心理從古到今大致相同，無非是幻想靠權勢，靠關係保護自己的貪欲，結果還是應了老子的那幾句話。

因此，少私寡欲，像老子一樣恬淡地生活，才是我們應該推崇和選擇的。如此一來，你獲得將不僅僅是快樂，還有健康。

建一座心靈休憩的小房子，每天停駐幾分鐘

哲學家馬卡斯・奧里歐斯說：「人們為自己尋找退避之所：鄉間、海邊、山上的房子，你們也一定非常希望得到這些房子。殊不知這是一種平凡人的做法，因為無論何時你想退避獨處時，其力量是在你自己手裡。一個人想退到更安靜、更能免於困擾的地方，莫過於退入自己的靈魂裡面，特別是沉潛在平靜無比的思緒裡。我敢肯定地說，除了寧靜是心裡的最好狀態外，別無他物。那麼，馬上退避，重整你自己吧！」

第二次世界大戰結束的前幾天，有人說杜魯門總統比任何一位前總統更能負荷總統職務的壓力與緊張，認為職務帶來的很多難題並沒有使他「衰老」或吞蝕他的活力，大家都認為這是很不簡單的事。杜魯門的回答是：「我的心裡有個掩蔽的散兵坑。」他又說，像一位戰士退進散兵坑以求掩蔽、休息、靜養一樣，他也定時地退入自己的心理散兵坑，不讓任何事情打擾他。

我們每個人的心裡都需要一間恬靜的房子，像是海洋深處不受侵擾的安靜中心，無視海

面興起的驚濤駭浪，安然地享受自己寧靜的天地。

安德魯・傑克遜，一八三七年曾任美國總統，美國歷史上最出色的政客之一，以下是關於他的一個小故事。

傑克遜的妻子死後，他對自己的健康狀況非常擔憂，家中已經有好幾個人死於癱瘓性中風。傑克遜因此認定他必會死於同樣的症狀，所以他一直在這種陰影下極度恐慌地生活著。一天，他正在朋友家與一位年輕的小姐下棋。突然，傑克遜的手垂了下來，整個人看上去非常虛弱，臉色發白，呼吸沉重，他的朋友走到他身邊。

「最後它還是來了。」傑克遜乏力地說。「我得了中風，我的整個右側癱瘓了。」

「你是怎麼知道的呢？」朋友問。

「因為……」傑克遜答道。「剛才我在右腿上捏了幾次，一點感覺也沒有。」

「可是，先生，」和傑克遜下棋的那位姑娘說道：「你剛剛在捏的一直都是我的腿啊！」

有時候，我們會因為太緊張而做出錯誤的判斷。所以我們需要修建一座內心的恬靜房子，適當地讓自己放鬆和休息，它的功用就像消除心理壓力的一間廂房一樣，能夠舒緩你的張力、憂慮、壓力，使你清新煥發，讓你更充分地準備應付未來的挑戰。

相信每個人的內心都有一處恬靜的中心，從不因外在干擾而變動，像輪軸的數學中心點一般，永遠保持固定不動。我們所要做的，就是去發掘這個內心安靜的中心點，並且定期地退到裡面去休息、靜養、重整活力。

CHAPTER 09

靜心冥想的快意

都市身心靈禪修課

禪修，使我們動盪的心回歸寂靜，渾濁的心得到澄清，它的妙用不只是為了記起多年的一筆豆腐賬，而是洗滌內心重重的塵垢，記起我們內在有個不動、不癡、不染、不變的主人翁。禪修就像是化繁就簡的人，做起任何事情都能心無旁鶩，都會令身邊的人清楚明晰，他既不浪費自己的時間，也不浪費別人的時間。他將生活規劃得有條不紊，生活也會給他以幸福作為回報。

微妙的禪意，在人生之間

禪是什麼？所有關於禪宗的困惑最終仍然會回歸這個問題。而這個問題的永恆答案則是「禪不可說」。很多人指望從典籍中悟到禪的「本來面目」，卻往往被爭妍鬥豔的指陣所迷，或者陷入文字障中不能自拔，而又不自知。

摩訶迦葉面向佛祖，微微一笑，自此得悟禪機至理，繼承了佛陀的衣缽，這相對無言中滿含的禪機並非凡塵俗子所能領悟；以無言得來機緣的也並非摩訶迦葉一人，中國禪宗二祖慧可也是如此。

西元五三六年，達摩祖師覺得應該離去了，便召集弟子，準備從中選出合適的人選以便繼承自己的衣缽。

達摩祖師說：「你們談談自己的悟境吧！」

道副說：「依我的見解，不要執著於文字，但也不離於文字，這便是道的妙用。」

達摩說：「你得到我的皮毛了。」

總持比丘：「依我現在的見解，猶如慶喜看見了佛國，一見便不需再見。」

達摩說：「你只得到我的肉了。」

道育說：「四大皆空，五蘊非有，依我所見，並無一法可得。」

達摩說：「你得到我的骨了。」

最後輪到神光，他只是作禮叩拜，然後仍回到原位，並未說話。

達摩說：「你得到我的真髓了！」

於是，神光慧可成為了禪宗二祖，接續了達摩祖師廣度眾生的事業。

彷若拈花一笑剎那間的靈光，並非刻意故弄玄虛。此中道，只有道中人能懂。

聖嚴法師曾經說：「在禪的傳統裡，究竟真理，也就是第一義諦，有時候會被比喻為月亮，而人們所熟知的一般真理，則被喻為指向月亮的手指。有人看到月亮，於是用手指指給其他還沒有看到月亮的人看。如果那些人看的是手指，而不是月亮，那麼他們還是沒有搞清楚『手指不是月亮』。文字、語言、思想以及概念就像手指，只能表達第二層次的真理，但卻能指向究竟真理。最究竟的真理叫做心、本性或是佛性，那是每個人必須去親自體驗、無法言說的。」所以歷代禪師們都只能盡量突破語言的極限來向世人說明究竟何為「禪」，但就如人飲水一般，冷暖尚須自察。可是還是有一些人，刻意追求禪的本義，以至於方向大大偏離。

有四個和尚為了修行，參加禪宗的「不說話修練」。四個人當中，有三個道行較高，只有一個道行較淺。由於該修練必須點燈，所以點燈的工作就由道行最淺的和尚負責。

「不說話的修練」開始後，四個和尚就盤腿打坐，圍繞著那盞燈，進行修練。幾個小時過去了，四個人都默不作聲。

油燈中的油越燃越少，眼看就要枯竭了，負責管燈的那個和尚，見狀大為著急。此時，突然吹來一陣風，燈火被風吹得左搖右晃，幾乎就要滅了。

管燈的和尚實在忍不住了，他大叫：「糟糕！火快熄滅了。」

其他三個和尚，原來都閉目打坐，始終沒說話，聽到管燈和尚的喊叫聲，道行在他上面的第二個和尚立刻斥責他說：「你叫什麼！我們在做『不說話修練』，不能開口說話。」

第三個和尚聞聲大怒，他罵第二個和尚說：「你不也說話了嗎？太不像樣了。」

第四個道行最高的和尚，始終沉默靜坐。但是過了一會兒，他竟睜眼傲視其他三個和尚說：「只有我沒說話。」

這四個參加「不說話修練」的和尚，為了一盞燈，都先後開口說話了；最好笑的是，有三個得道的和尚在指責別人「說話」之時，他們都不知道自己也犯下「說話」的錯誤。他們只看到了禪宗大德們參禪的外在形式，卻並未真正領悟其本義。

有人問鼎州大龍山智洪弘濟禪師何謂「微妙的禪」，智洪禪師回答：「風送水聲來枕畔，月移山影到窗前。」一切都是自然中景，景中的禪機禪韻只待有緣人來參。禪如明鏡一面，可以照明心境；禪是夜燈一盞，可以指引心路。

唐代僧人皎然曾作一首《聞鐘》：「古寺寒山上，遠鐘所好風。聲餘月樹動，響盡霜天空。永夜一禪子，泠然心境中。」千年古剎居於寒山之上，萬籟俱寂的月夜只有鐘聲縈繞，嫋嫋餘音在佈滿秋霜的蕭瑟與肅殺中迴旋，此中孤寂卻映襯著禪法的萬古澄明，此間靈境更是契合了禪僧無邊寧靜至上空明的心境。鐘聲月色，靈境慧心，此中的禪，你悟了嗎？

若無閒事掛心頭，便是人間好時節

任何時候，你都得把自己的心洗滌乾淨，這個過程必須由自己執行，旁人不能代為執行，要見真實的自己，就要自己度脫自己，自己守持生活的規律，這樣才不辜負來人世走一遭。清洗乾淨就是少動煩惱，這是功夫，要知道，煩惱並不是從外面來的，而是從你的自性中產生的。

一次，雲門禪師問僧徒：「我不問你們十五月圓以前如何，我只問十五日以後如何？」

僧徒說：「不知道。」

雲門說：「日日是好日。春有百花秋有月，夏有涼風冬有雪。若無閒事掛心頭，便是人間好時節。」

日日是好日，每時每刻都能開掘快樂之源。這是一種積極的人生態度，也是禪向我們展現的魅力所在。如果你能洗滌乾淨心中的煩惱，具備樂觀的心態，還有什麼能夠困住你呢？

有一位住在佛羅里達州的快樂農夫，他是一個將檸檬做成可口檸檬汁的人。他買下一塊農地後，心情十分低落。因為這個地方土地貧瘠，既不適合種植果樹，也不適合種莊稼，甚至連養豬也不適宜。除了一些矮灌木與響尾蛇，什麼都活不了。

有一天，他忽然有了主意，他決定將負債轉為資產，他決定好好利用這些響尾蛇。於是不顧大家詫異的眼光，他開始生產響尾蛇肉罐頭。

之後的幾年，幾乎每年有平均兩萬名遊客到他的響尾蛇農莊來參觀，他的生意好極了。他將毒液抽出後送往實驗室製作血清，蛇皮以高價賣給工廠生產女鞋與皮包，蛇肉裝罐運往世界各地。甚至當地郵局的郵戳都蓋著「佛羅里達州響尾蛇村」。

如果你從工作的一開始，就覺得自己是在做一件受罪的苦差事，你將很難傾注熱情，做出的成績也沒有辦法太出色，因為在你面前的，只是一片無邊無際的荊棘。如果從一開始就抱著很大的熱情和希望，把工作當成一種享受，憧憬著美好的前途，並盡其最大的努力去工作，情況可能就會完全不同了。即使眼前是一片荊棘，也會立刻消失得無影無蹤，出現一條平坦光明的大道。那些對工作滿懷怨言的人，通常都是以自己為中心，整天只想著自己有多麼不快樂。滿心歡喜的人並不會滿腦子都只想著自己快不快樂，他們會把時間和精力花在開創以及享受工作帶來的樂趣上。他們在無私奉獻的同時，也能夠享受喜悅。

每個人在工作過程中，都會面臨一些壓力，此時你完全可以按照禪法的指導，透過心靈的修練，將那些阻礙、困擾你的日子，變成快樂、喜悅的日子。

沒有太多欲望的壓迫，便是簡單純粹的人生

「化繁就簡」是節省時間人力的最佳方法，訓練自己成為能擔當的通才，做事便自然會簡單化。在五光十色的現代世界中，應該記住這樣古老的真理：活得簡單，才能活得自由。

住在田邊的蚱蜢對住在路邊的蚱蜢說：「你這裡太危險，搬來跟我住吧！」路邊的蚱蜢說：「我已經習慣了，懶得搬了。」

幾天後，田邊的蚱蜢去探望路邊的蚱蜢時，卻發現對方已被車子壓死了。

原來掌握命運的方法很簡單，遠離懶惰就可以了。

一隻小雞破殼而出的時候，剛好有隻烏龜經過，從此以後，小雞就打算揹著蛋殼過一生。牠因此受了很多苦，直到有一天，牠遇到了一隻大公雞。

原來擺脫沉重的負荷很簡單，尋求名師指點就可以了。

一個孩子對母親說：「媽媽，妳今天好漂亮。」
母親問：「為什麼？」
孩子說：「因為媽媽今天一整天都沒有生氣。」

原來，要擁有美貌其實很簡單，只要不生氣就可以了。

一位農夫，叫他的孩子每天在田地裡辛勤勞作。
朋友對他說：「你不需要讓孩子如此辛苦，農作物一樣會長得很好的。」
農夫回答說：「我不是在培養農作物，而是在培養我的孩子。」

原來培養孩子很簡單，讓他吃點苦就可以了。

有一家商店經常燈火通明，有人問：「你們店裡到底是用什麼牌子的燈管？那麼耐用。」
店家回答說：「我們的燈管常常壞，只是我們壞了就馬上換而已。」

原來保持明亮的方法很簡單，只要常常換掉壞的燈管就可以了。

有一支淘金隊伍在沙漠中行走，大家都步伐沉重，痛苦不堪，只有一個人腳步輕快，開心地走著。

別人問：「你為何如此愜意？」

他笑著說：「因為我帶的東西最少。」

原來快樂很簡單，只要放棄多餘的包袱就可以了。

生活看似繁瑣，其實很簡單，因為人們不肯主動去發問，去尋求幫助，去體會合作與和諧之美，於是使得整個生命變得複雜。一句簡單的提問，一個簡單的思考，都可能令我們的生活大有改觀，變得大為不同。

唐朝龍潭崇信禪師，跟隨天皇道悟禪師出家，數年之中，打柴炊爨，挑水作羹，不曾得到道悟禪師一句半語的法要。

一天他向師父說：「師父！弟子自從跟您出家以來，已經多年了。可是一次也不曾得到您的開示，請師父慈悲，傳授弟子修道的法要吧！」

道悟禪師聽了，立刻回答：「你剛才講的話，好冤枉師父啊！你想想看，自從你跟隨我出家以來，我未嘗一日不傳授你修道的心要。」

「弟子愚笨，不知您傳授給我什麼？」崇信訝異地問。

師父並沒有理會他的詫異，只是淡淡地問：「吃過早粥了嗎？」

崇信說：「吃過了。」

師父又問：「缽盂洗乾淨了嗎？」

崇信說：「洗乾淨了。」

師父於是說：「去掃地吧。」

崇信疑惑地問：「難道除了吃粥、洗碗、掃地，師父就沒有別的禪法可以教給我了嗎？」

師父厲聲說：「我不知道除了吃粥、洗碗、掃地之外，還有什麼禪法！」

崇信禪師聽了，當下頓然開悟。禪就是生活。吃了粥去洗缽盂、去掃地，這些是很平常也很自然的事，卻無不蘊藏無限的禪機。

其實，幸福也是如此之簡單，有人說：「簡單不一定最美，但最美的一定簡單。」最美的幸福生活也應當是簡單的生活。幸福的真諦就在於過簡簡單單，內心純淨的生活。縱觀世上的人，凡是過得幸福美滿的，大多是隨遇而安，沒有太多欲望的人。可能他們錢不多、沒有大房子、不能享受豪奢的生活，但他們照樣有一套自己過日子的哲學，不用花太多錢，卻能達到同樣的快樂，兒孫滿堂，家庭和睦就是他們最大的幸福。所以人要懂得知足，知足者常樂。

有這麼一位行吟詩人，他一生都住在旅館裡。他不斷地從一個地方旅行到另一個地方。他的一生都是在路上、在各種交通工具和旅館中度過的。當然這並不是因為他沒有能力為自己買一座房子，這是他選擇的生存方式。

後來，鑑於他為文化藝術所作的貢獻，也鑑於他已年老體衰，政府決定免費為他提供住宅，但他還是拒絕了，理由是他不願意為房子之類的麻煩事情耗費精力。就這樣，這位特立獨行的行吟詩人，在旅館和路途中度過了自己的一生。

他死後，朋友為他整理遺物時發現，他一生的物質財富就是一個簡單的行囊，行囊裡是供寫作用的紙筆和簡單的衣物；而在精神財富方面，他為這個世界留下了十卷優美的詩歌和隨筆作品。

這位詩人的生活簡單卻富有意義。他的人生沒有太多不必要的干擾，沒有太多欲望的壓迫，是一種簡單而又純粹的人生。把人生純粹化，並不是要求人們都像吟游詩人那樣，居無定所，在外流離。而是把世態人情想得簡單一點，把做人做事想得直接一點。

生活有智慧，愉悅自然得

現代人生活忙碌，整天忙著工作忽略了家庭，忙著看電視忽略了自己的內心世界，忙著遊樂而忽略了大自然的和諧。忙著做更多的事情，卻忽略了比這些事情還要重要的東西。一切都是忙，因為忙，連玩都顯得很忙。但大部分的人，往往不知道為何這麼緊張，為何如此忙碌？因此，現代人仍然需要禪法的說明，禪能夠幫助人在忙碌的現代社會中得到解脫。禪是智慧的、安定的、清淨的。智慧是不被環境所困擾，安定是不被環境所混亂，清淨則是內心不隨外境雜亂而雜亂，不隨外境的污染而污染。所以，禪法能夠幫助人在忙碌、緊張、疏離的現實生活中尋到心靈淨土。

有一些因忙碌而心理焦躁的人常去向聖嚴法師求教，法師常勸他們打坐學禪，那些人說：「師父啊！我們都忙成這個樣子，哪裡還有時間去打坐？打坐，是你們和尚們應該做的事情。」

聖嚴法師卻說：「現在的和尚和過去的和尚不一樣了，現在的和尚也是很忙的，但是因為忙，所以要打坐，只有打坐之後，才有更多的時間，去做你想做的事情。」

在法師眼中，將禪學與現代生活融合起來，有助於妥善地掌控自己的生活，也能夠在禪法學習中得到更多的啟示。現代人之所以焦慮、苦惱，很多時候就是因為想要的太多，以至於無法放下，自然就會因為得不到而痛苦，然而大多數人都是「需要的很少，想要的太多」，卻忘記了知足常樂這樣一個簡單的道理。

聖嚴法師曾在臺北出席一個會議，參加會議的大多是商界或者政界的上層人士，會議中心附近的停車場停滿了各位與會人員的豪華轎車。會議結束之後，有服務人員向聖嚴法師問道：「您的車停在了哪裡？請您在這裡等候，我們去請司機幫您把車開過來。」

法師笑著回答道：「我的車停得很遠哪！而且你們無法讓它自己過來，因為那是公共汽車，司機怎麼會聽你們的呢？」

「您這樣一位德高望重的法師，怎麼會沒有自己的車子呢？」服務人員非常詫異。

法師笑了笑，並未回答。

聖嚴法師正是得到了禪學智慧的智者，他既不想讓自己淪為必須依靠現代物質的人，同時也不想因為自己的奢念而受環境影響，失去了自我。因為在他的心中，參加會議坐搭乘公共汽車就來得及，為何非要開自己的車去呢？如果只是作為一種身份尊榮的炫耀，就毫無意義甚至有些可笑了。

生活中，每個人其實都擁有讓自己獲得幸福的法寶，只是忙碌的生活讓人無法靜下心來體悟自己已有的財富，所以大部分時間，人們仍像是上了發條的機器般，盲目地追求著自己也不確定的目標。

有一位女施主，家境非常富裕，不論財富、地位、能力、權力及外貌，都是無人能及，她卻終日鬱鬱寡歡，連個談心的人也沒有。於是她去請教無德禪師，如何才能獲得幸福。

無德禪師告訴她：「隨時隨地和各種人合作，並懷有和佛一樣的慈悲胸懷，說些禪話，聽些禪音，做些禪事，用些禪心，妳便能成為有魅力的人。」

女施主聽後，問道：「禪話怎麼講呢？」

無德禪師道：「禪話，就是說歡喜的話，說真實的話，說謙虛的話，說利人的話。」

女施主又問道：「禪音怎麼聽呢？」

無德禪師道：「禪音就是化一切音聲為微妙的音聲；把辱罵的音聲轉為慈悲的音聲；把譭謗音、哭聲鬧聲、粗聲醜聲轉為稱讚的音聲；那就是禪音了。」

女施主再問道：「禪事怎麼做呢？」

無德禪師：「禪事就是佈施的事，慈善的事，服務的事，合乎佛法的事。」

女施主更進一步問道：「禪心是什麼呢？」

無德禪師道：「禪心就是你我一如的心，聖凡一致的心，包容一切的心，普利一切的心。」

女施主聽後，一改從前的驕氣，在人前不再誇耀自己的財富，不再自恃自我的美麗，對人總謙恭有禮，對眷屬尤能體恤關懷，不久就被誇為「最具魅力的施主」了。

經過禪師的教導，這位女施主心念一轉，魅力就立刻在她的身上呈現出來了。

原來幸福距離每個人都是這麼近，急於向更遠處尋找幸福的人，何時才能悟到這個道理呢？生活中就有禪法，只要你能夠將禪理融入自己每一天的生活中，每一天都會被快樂包圍。

將禪的精神、禪的智慧普遍地融入生活，就能在生活中實現禪的超越。生活中的禪本就是現成的，而且有著豐富多彩的姿態：釋迦牟尼佛看到啟明星即能開悟，滿天星斗中莫不含著禪意；洞山良價禪師就溪上過橋，目睹水中倒影而打破疑團，潺潺溪水中也自有禪機。

生活中處處有禪，挑水砍柴，吃飯睡覺，我們的每一分鐘都不曾與禪疏遠。天公造物，緣滅緣生，無處不呈現著禪的生命。現實生活雖日益繁亂，但是如果我們從生活中發現禪的精神，讓禪與生活融為一體，便能享受到如詩如畫、恬適安詳的生活了。到那時候，「採菊東籬下，悠然見南山」的恬淡心境就不僅存在於陶潛的千古絕唱中，而「溪聲盡是廣長舌，山色無非清淨身」的得禪苑清音也將在我們每個人的身邊響亮起來。

花朵凋零，怎能望累累果實

日升月落，春秋代序，世間萬物的輪迴變化，自有規律。昨日的因成為今日的果，既是命運的必然，也是行動的必然。一棵果樹，春天發芽長葉抽枝，夏季枝繁，葉茂花開似錦，秋天果實累累，冬季汲取養料蓄勢待發。在這個成長過程中，既需要陽光雨露的滋潤，也離不開果農辛勤的耕耘。「知」如天然的光與水，而「行」就是鋤草除蟲澆水施肥的過程，兩者相輔相成，才能換來秋天的滿園果香。

禪師認為，讀經是一件自利利人的好事，既能陶冶自己的性情，還能提高他人的覺悟。讀經以及其他如靜坐、參公案、參話頭等禪修方式都是催發「知」之花蕾的重要方法。讀經是為明心；讀經是為解義；讀經是為禪定；讀經是為弘法；讀經是為了護法；讀經是為超度祈福。誦經既能嘉惠生者，又可資益亡人，所以一切未出離三界的眾生，都需要讀經修行。

讀經所得的「知」並不等於智慧，所以，只學習經典並不能實現開悟；只有將「知」與「行」結合起來，知行合一，才能真正地將自己的境界提高。修行人中，有些自視甚高之人眼高於頂，而滿腹經綸卻最終也只是淪為了誇誇其談的資本，而對自己修行沒有任何幫助，更不要談及利他了；還有些人，雖然根基淺、底子薄，但卻有一顆矢志不渝地向上尋求光明的心，總是努力地突破一切障礙，這樣的人潛心學習，並將所學化為修行，終會有所得。

世尊在舍衛國的時候，有個比丘名叫槃特，他總是很用功地學習，可是卻一點進展也沒有，所以大家經常嘲笑他的愚笨。佛陀憐憫他，於是親自教他一偈，並且詳細解釋偈語的意思和內涵。

佛陀對槃特比丘說：「雖然只是一句話，只要你牢牢記住，用心體會，一樣可以求得佛道的。」

槃特比丘感恩佛陀的慈悲，每天都苦唸這句偈語，用心思考和記憶，終於理解其中隱含的妙法，心中豁然開朗，證得阿羅漢，終成為佛陀的羅漢弟子之一。

有一次，佛陀派槃特羅漢去一座精舍為眾僧講誦經文。消息傳來，比丘們笑翻了，七嘴八舌地說：「哈哈！那個一字半偈都不會的傻瓜居然來給我們上課講經！」

「我們來想辦法嘲笑他，讓他出醜！」

「好啊！明天我們等著看笑話吧！」比丘們邊說邊想像著槃特的狼狽模樣，開心地笑成一團。

第二天，槃特羅漢來到比丘們的精舍，眾比丘忍住笑，請槃特羅漢開講經文。只見槃特往那高位上一坐，雙目正視前方，說道：「說來慚愧，我年紀大了，學的東西卻不多，今天來為大家講經，不過盡力為大家講解一偈罷了，希望各位靜下心來聽我說。」

槃特羅漢說這些話時，底下仍然竊竊私語。槃特羅漢也不管底下的反應，便開始講佛陀親自教他的那一偈：「守口攝意身莫犯，如是行者得度世。」然後將偈語所說的道理仔細地說明、解釋。

槃特羅漢認認真真地講解著，本來想捉弄他的比丘們聽了這樣高深的法理，知道他的道行遠遠超過自己，心裡萬分懊悔，紛紛跪在槃特羅漢的腳下叩頭自責。聽完法後，五百比丘雜念頓消，紛紛證得阿羅漢道。

與其他信徒相比，槃特比丘算不得天資聰慧，甚至略顯拙笨，但是在求知與修行的路上，他卻比嘲笑他的其他比丘都走得更遠。他有一種正確的求知態度，他對知識的渴望與對修行的虔誠成為他開悟的助力。「佛不度無緣之人」，無緣之人並不是指根基太淺或者作惡多端的人，而是求佛態度不端正的人，他們就像是擁有一座很大的果園的主人，看著滿園盛開的花朵卻只顧自己欣賞或向他人炫耀，而停止了一切勞作，荒廢了時日，當花朵凋零之後，又怎麼能奢望看到累累果實呢？

一朝頓悟，揮去遮蔽我們的迷霧

一路行走一路歌是一種人人嚮往的境界，一路行走一路愁卻是大多數現代人的常態。步履匆匆，以至於忽視了路邊美景；身在花叢，卻嗅不到滿園芬芳。古人說「月影松濤含道趣，花香鳥語透禪機」，禪門語：「青青翠竹，盡是法身；鬱鬱黃花，無非般若」，細沙中包含的那一方世界，野花中蘊藏的那一座天堂，你是否看到了呢？生活中禪機無處不在，無處不可修行，萬物皆是如來，只怕人不「悟」。

從開悟修到徹悟，斷了煩惱，度了眾生，自利利他圓滿。人的慧根不同，所受的障礙不同，悟的程度不同，境界也會有深有淺，悟境如人飲水，冷暖自知，只有曾經悟過的人才知道「悟」是什麼。

有一則著名的公案，出自宋末江西青山惟政禪師的《上堂法語》。「老僧三十年前，未參禪時，見山是山、見水是水；乃至後來，親見知識，有個入處，見山不是山、見水不是水；而今得個休歇處，見山只是山、見水只是水。」後世對這段公案的解釋頗多，從中可以窺探到悟境的端倪。

有一位僧人不明白其中的含義，於是去向一位禪宗大師請教。

大師解釋說：「最先的狀態和最後的狀態是相似的，只是在過程中截然不同。最初，我們看到的山是山，最後看到的山還是山。但是在這過程之中，山不再是山，水不再是水，為什麼呢？」

弟子搖頭不知。

禪師繼續說：「因為一切被你的思維、意識攪亂了、混淆了，好像烏雲密佈、雲霧繚繞，遮住了事物的本來面目。但是這種混淆只存在於過程中。在沉睡中，一切都是其本原；在三昧中，一切又恢復其本原。正是關於世界、思想、自我的認識使簡單的事物複雜了。」

弟子自以為明白了禪師的解釋，於是歎氣說：「唉，這麼說來，凡夫俗子和開悟者之間也沒有什麼區別嘛！」

「說得對！」禪師回答。「確實沒什麼區別，不過是開悟者離地六寸。」

開悟者「離地六寸」，自然和站在地上的凡夫俗子有所不同，他們離地的過程正是不斷修行的過程，「離地六寸」的位置也正是悟後的境界。在尚未修禪之時，我們眼中看到的是一個物理化的世界，山水就是山水，世間一切歷歷分明，存在即為合理，不需要做任何的探討與解釋；在第二個階段，經過了一段時間的禪修之後，禪定過程中的澄明境界與清淨修為常常會令人產生幻覺，認為世間一切不過是過眼浮雲，浮光掠影般閃過，如夢如幻，極不真實；第三個階段，禪修得悟，人已經達到了自由境界，身體和靈魂已實現了獨立、清澈和自在，一切無可無不可，與我無礙無牽絆。

悟是可遇而不可求的，越是追求得緊，越是會陷入難以自拔的泥潭。不要刻意去追求什麼，開悟的過程本身就是目標。開悟不是有形的財富珍寶，不是將手掌攥緊就可以掌控的，既需要個人努力地修行，也需要頓悟的機會。頓悟雖是在一瞬間完成的，但這之前長期的修行也是不可或缺的。端正自己的心態，樹立正見，只待時間一到，自會水到渠成。

在南山腳下有一座寺廟。廟前有一塊荒地，年復一年地荒蕪著，甚至連野草也不長。寺中僧人每每經過，從來都不曾轉頭看上一眼。

一日，廟中來了一位雙目失明的和尚，他偶然聽到身邊僧眾談論到這塊荒地，於是就放在了心上。從那之後，他便開始拎著鋤頭摸索著在荒地上忙碌，翻地、澆水、播種、施肥。日復一日，參禪念佛之餘，和尚總是會出現在荒地上，在其他僧人的嘲笑聲中，他播下的種子竟然奇蹟般地發芽了。其他人非常詫異，不知道為何瞎眼和尚播下的種子居然發了芽。

後來，花苗的嫩芽抽枝長葉，一夜春風過後，荒地上開出了美麗的花朵，芳香四溢。寺中僧眾清晨走出廟門，瞬間驚呆了。

幾十年後，這位雙目失明的和尚成為了受人敬仰的一代禪師——心明法師。

每個人的心裡都有這樣一片荒地，不去打理，荒地自然寸草不生。而一旦開始用心去經營、去管理，只待一夜春風，心靈的荒漠也會成為美麗的花園。生活中總有層層迷霧遮蔽著我們的心神，一朝開悟，就會發現原來曾經的陰霾之上都是同樣的湛藍天空，那時候再回首一路尋找的旅程，原來是：盡日尋春不見春，芒鞋踏遍嶺頭雲，歸來笑拈梅花嗅，春在枝頭已十分。

洗滌內心塵垢，回歸寂靜清淨

禪修是出生宇宙萬法的實相。若得參透，便是明心。明心見性的方法，用禪學大師的話來說：「參禪，使我們找回久被遺忘的性靈，重新和它握手言歡，尋回清淨具足的如來佛性。」

禪修，是一場內在的革命，為我們贏回如香草的悲心，滿月的慧心，金剛的願心，雲水的捨心。參禪，即是靜心的一個過程。平常人想要淨心的時候，往往習慣於用理性去控制。但這樣做的結果可能適得其反，當你告訴自己「不能動心」，這個時候心其實已經正在動了；提示自己「心不能隨境轉」，這個時候心已經轉了。真正的淨心不是刻意去控制它，也不是刻意去把握它。什麼時候都知道自己的心，心自然而然就不動了。心不動了，人就不會為外界的誘惑所動，從而淨化自身。

在一座禪院裡，徒弟請示禪師道：「為什麼吾人不能很快地認識自己？」

禪師回答道：「我給你說個譬喻，如一室有六窗，室內有六隻獮猴，蹦跳不停，室外有六隻猩猩與之回應，如是六窗，俱喚俱應。六隻獮猴，六隻猩猩，實在很不容易很快認出哪一個是自己。」

徒弟聽後，知道洪恩禪師是說吾人內在的六識（眼、耳、鼻、舌、身、意）和追逐外境的六塵（色、聲、香、味、觸、法），鼓噪繁動，彼此糾纏不息，如空中金星蜉蝣不停，如此怎能很快認識哪一個是真的自己？

因此便起而禮謝道：「適蒙和尚以譬喻開示，無不了知，但如果內在的獼猴睡覺，外境的猩猩欲與它相見，且又如何？」

禪師便下繩床，拉著那個小徒弟，手舞足蹈似的說道：「好比在田地裡，防止鳥雀偷吃禾苗的果實，豎一個稻草假人，所謂『猶如木人看花鳥，何妨萬物假圍繞』？」

徒弟終於言下契入。

有些人的心情容易受到外界的影響，更有甚者，還會將對自己的認識和評價建立在他人的態度之上。為什麼人最難認清自己？主要是因為真心蒙塵。就像一面鏡子，被灰塵遮蓋，就不能清晰地映照出物體的形貌。真心不顯，妄心就會成為人的主人，時時刻刻攀緣外境，心猿意馬，不肯休息。人體如一村莊，此村莊中主人已被幽囚，為另外六個強盜土匪（六識）佔有，他便會在此興風作浪，追逐六塵，讓人不得安寧。

心不動才能真正認清自己，遇到順境不動，遇到逆境也不動，不受任何外在的影響。現代人的狀況大多相反，遇到順境的時候高興得不得了，遇到逆境的時候痛苦得不得了，這就會帶來許多痛苦。其實，我們遇到的任何外境都一樣，如果我們能夠了解這一點，就不會被六識所誘惑，亦不會被六塵所蒙蔽。

由此可見：外面再美的景致，也無法使我們真正的休心息慮，只是空費草鞋錢。世間的雜誌、書報，各項視聽娛樂，無法使我們內在悠然清心，不過徒增聲色的貪得、是非的愛染。看一池荷花，於污泥之中生，觀者有人歡喜有人憂，然而一池荷花就在那裡，不動、不癡、不染，荷花還是荷花。人如能像荷花一般，不為繁華蒙蔽，不為別人的眼光而活，活出真我，生活的禪便算是被參透了。

自己承擔，才能走出苦海

甘苦酸辛鹹合稱為「五味」，既是食物留在口中的五種味道，也可以用來形容人生百態的滋味，其中的苦味往往和痛苦、辛苦、艱苦、愁眉苦臉等詞語相聯繫，而真正品嘗過黃連的人會知道，內心這些與「苦」相關的情緒所帶來的沉重感，遠遠超過嘴裡的味道。

有願望而不能如願、外界變化而不能滿足、生命無常而不可把握都會帶來「苦」，它從我們出生時開始，並一直苦到我們死去為止。禪修雖不能為我們袪除痛苦，也不能將我們身心麻醉從而與苦隔離，卻可以幫助我們將痛苦減輕。

通常情況下，人們用兩種方式減輕自己痛苦：一是拒絕承認自己在受苦；二是不斷反省以尋找補救的辦法。但是由於對「苦」沒有一個清醒的認識，因此往往適得其反，反而讓情況變得更加糟糕。佛教為我們指引了多種滅苦的修行方法，而事實上真正能救自己脫離苦海的，也只有自己；假如自己一直抗拒，又有誰能夠將你從痛苦的深淵中強行拖出來呢？

佛印禪師與蘇東坡同遊靈隱寺，來到觀音菩薩的像前，佛印禪師合掌禮拜。

忽然，蘇東坡問了一個問題：「人人皆念觀世音菩薩，為何祂的手上也和我們一樣，掛著一串念珠？觀世音菩薩念誰？」

佛印禪師：「念觀世音菩薩。」

蘇東坡：「為何亦念觀世音菩薩？」

佛印禪師：「祂比我們更清楚，求人不如求己。」

菩薩也要念經，但不是念給佛祖，而是念給自己。常人去佛前發願常常帶著功利心，祈求佛祖菩薩能夠保佑一家平安，帶來滾滾財源，渴望金榜題名，熱衷步步高升，可惜，這些都不是佛想要給的明心見性。佛從修行開始，就心中慈悲，想要度盡世上可度之人，想要將受苦的眾生都拉上解脫的方舟，皆入涅槃，但是眾生又在哪裡呢？佛常常是抓住一個契機，給人以點化，卻不會拿著戒尺跟在眾生之後，每走一步都要進行點撥。所以佛常常說自己沒有度人；雖度盡了一切眾生，祂卻說沒有一個人是祂度的，自性自度，個個都是佛，只要你踏實地去做。

自性自度，苦海需要你自己蹚過，如果你還在等著別人來度你，那就永遠也得不到解脫。一個人只有自己來承擔自己，才能真正走上解脫之路。沒有別的路，剩下的只有向自己求救，打開自己的心門，點燃那盞心燈，讓自己成為自己的避難所。

凡事應該反求諸己。大千世界氣象萬千，我們都在苦海中沉浮，只有清醒地認識到這一點，才能夠自救。別人遞過來的一根稻草並不能承載起每個人的重量，裁衣尚需量身，又怎麼能夠期待萬丈紅塵之中，總有人能夠解救自己於危難之中呢？

風動、幡動，不過是外境的變遷

「風吹雲動心不動，見到境界不動心。」禪的最高境界是心無外物，而人的終極自由是心靈的自由。只有做到不動心，才能得到真正超然物外的灑脫。「不動心」是一個人修養和定力的體現，若一個人無此定力，則可能被外境左右，隨外境而動搖，想獲得這種禪心，就要做到不為財動，不為情動，不為名動，不為謗動，不為苦動，不為難動，不為力動，不為氣動。五色幢幡升空時迎風飄動，一僧說是幡動，一僧說是風動，六祖惠能從旁邊經過，笑說，此既非風動，也非幡動，乃二僧心動。

風動、幡動，都不過是外境的變遷，不動心，才能時時與清淨同在。面對誘惑時，不能動心；面對批評時，也應保持沉穩。修行講的就是修心，要修心先定心，外不著相為禪，內心不亂為定。不為外物所擾。心定則氣閒，氣閒則神明，使精神反觀自身（非肉身）即是「禪」。

蘇東坡被貶謫到江北瓜洲時，和金山寺的和尚佛印相交甚多，常常在一起參禪禮佛，談經論道，成為非常好的朋友。

一天，蘇東坡做了一首五言詩：「稽首天中天，毫光照大千；八風吹不動，端坐紫金蓮。」做完之後，他再三吟誦，覺得其中含義深刻，頗得禪家智慧之大成。

蘇東坡覺得佛印看到這首詩一定會大為讚賞，於是很想立刻把這首詩交給佛印，但苦於公務纏身，只好派了一名小書僮將詩稿送過江，請佛印品鑑。

書僮說明來意之後，將詩稿交給了佛印禪師，佛印看過之後，微微一笑，提筆在原稿的背面寫了幾個字，請書僮帶回。

蘇東坡滿心歡喜地打開了信封，卻先驚後怒。原來佛印只在宣紙背面寫了兩個字：「狗屁！」

蘇東坡既生氣又不解，坐立不安，索性擱下手中的事情，吩咐書僮備船親自過江。哪知蘇東坡的船剛剛靠岸，卻見佛印禪師已經在岸邊等候多時。

蘇東坡怒不可遏地對佛印說：「和尚，你我相交甚好，為何要這般侮辱我呢？」

佛印笑吟吟地說：「此話怎講？我怎麼會侮辱居士呢？」

蘇東坡將詩稿拿出來，指著背面的「狗屁」二字給佛印看，質問原因。

佛印接過來，指著蘇東坡的詩問道：「居士不是自稱『八風吹不動』嗎？那怎麼一個『屁』就過江來了呢？」

蘇東坡頓時明白了佛印的意思，滿臉羞愧，不知如何作答。

蘇東坡是古代名士，他既有深厚的文學學養，其思想更是容納了儒釋道三家關於生命哲理的闡釋，但就連他也無法真正領悟到心定的感覺。

心動則生雜念，導致人很難認清自己。人難以認清自己，真心像是一面被灰塵遮蔽了的鏡子，無法清晰地映照出物體的形貌。真心不顯，妄心就會成為人的主人。只要我們有一顆不動的心，不生是非分別的夢想，不起憎愛怨親的顛倒，就能夠安穩如山，明淨如水，悠閒如雲，自在如風。

少欲知足，會得到真正富裕的生活

人人都想「擁有」，但問題在於人的欲望是無止境的，填飽了肚子，又求珍饈；娶了嬌妻，又妄想求得美妾；有了房舍，又求華廈；謀得一職，又求升官；得到千錢，又求萬金……寶貴的一生就在無止境的追求「擁有」中，苦惱地度過了。擁有財物而不用，和「沒有」有什麼差別呢？擁有財物而不會用，和「無用」有什麼不同呢？每個人都希望擁有自己的房子，但若不能和至愛家人住在一起，別墅是否會有家的感覺？每個人都希望擁有自己的田產，但若不在其中播撒種子，一塊荒地存在的意義又是什麼？每個人都希望能夠擁有鉅額財富，但如果只是緊緊握在手中而不使用，一張永遠不能支領的存摺，價值又在哪裡呢？

以前，有一對兄弟，他們自幼失去了父母，相依為命，家境十分貧寒。他們倆終日以打柴為生，生活十分艱苦。即便如此，兄弟倆也從來沒有抱怨過，他們起早貪黑，一天到晚忙得不亦樂乎。而且哥哥照顧弟弟，弟弟關心哥哥，生活雖然艱苦，但過得還算舒心。

觀世音菩薩得知了他們二人的情況，為他們的親情所感動，決定下界去幫他們。清晨時分，菩薩來到兄弟倆的夢中，對他們說：「遠方有一座太陽山，山上撒滿了金光燦燦的金子，你們可以前去拾取。不過路途非常艱險，你們可要小心！並且，太陽山溫度很高，你們一定要在太陽出來之前下山，否則，就會被燒死在上邊。」說完，菩薩就離開了。

兄弟二人從睡夢中醒來，非常興奮。他們商量了一下，便啟程去了太陽山。一路上，他們不但遇到了毒蛇猛獸、豺狼虎豹，而且天空中狂風大作、電閃雷鳴。

兄弟倆咬緊牙關，團結一致，最終戰勝了各種艱難險阻，來到了太陽山。兄弟倆一看，漫山遍野都是黃金，金燦燦的，照得人睜不開眼。弟弟一臉的興奮，望著這些黃金不住地笑，而哥哥只是淡淡地笑。

哥哥從山上撿了一塊黃金，裝在口袋裡，下山去了。弟弟撿了一塊又一塊，就是不肯罷手。不一會兒整個袋子都裝滿了，弟弟還是不肯住手。此時，太陽快出來了弟弟仍然不停地撿。

一會兒，太陽真的出來了，山上的溫度也在漸漸升高。這時，弟弟才回過神，急忙揹著黃金離開，無奈金子太重，壓得他根本跑不快。太陽越升越高，弟弟終於倒了下去，被燒死在太陽山上。

哥哥回家後，用撿到的那塊金子當本錢，做起了生意，後來成了遠近聞名的大富翁。弟弟則是永遠地留在了太陽山。

弟弟一心「擁有」，而哥哥只想「用有」，哥哥因為不貪而享受了富有的恩賜，弟弟因貪得無厭而命喪黃泉。河水要流動，才能涓涓不絕；空氣要流動，才能生意盎然。擁有，還需「用有」才有意義，如能以「用有」的胸懷，來因應真理。以「用有」的財富，順應人間。讓因緣有、共同有，來取代私有的狹隘。讓惜福有，感恩有，來消除佔有的偏執。即所謂「擁有，是富者，用有，才是智者」。富而加智，豈不善矣。多貪多欲的人，縱然富甲天下，無法滿足，等於是窮人，他們擁有的是痛苦的根源而非幸福的靠山。至於少欲知足善用的人，則能夠真正享受到富裕的生活。

如果今天尚未付出，就不要期待收穫

「昨天付出是昨天的事，如果今天尚未付出，就不要期待收穫。」百丈懷海禪師提倡「一日不作，一日不食」的禪門家風，「深泥田裡好相聚，拽耙鞭牛真快活。」這是源自《田歌》中的一句，描寫了江西真如禪寺中僧侶的農禪生活，從唐代以來，眾多僧人繼承了「師凡作務，執勞必先與眾」的禪風，在每日的勞作中尋求著充實與安寧。

百丈禪師宣導「一日不作，一日不食」的農禪生活，曾經遇到許多困難，因為佛教一向以戒為規範生活，而百丈禪師改進制度，以農禪為生活，甚至有人批評他為外道。

百丈禪師每日除了領眾修行外，必親執勞役，勤苦工作，對生活中的自食其力，極其認真，對於平常的瑣碎事務，尤不肯假手他人。

漸漸地，百丈禪師年紀大了，但他每日仍隨眾上山擔柴、下田種地。因為農禪生活，就是自耕自食的生活。弟子們畢竟不忍心讓年邁的師父做這種粗重的工作，因此，大家懇請他不要隨眾勞動，但百丈禪師仍以堅決的口吻說道：「我無德勞人，人生在世，若不親自勞動，豈不成廢人？」

弟子們阻止不了禪師工作，只好將禪師所用的扁擔、鋤頭等工具藏起來，不讓他做工。百丈禪師無奈，只好採取不吃飯的絕食行為抗議，弟子們焦急地問他為何不飲不食。

百丈禪師道：「既然沒有工作，哪能吃飯？」

弟子們沒辦法，只好將工具又還給他，讓他隨眾生活。

戒律是禪，勞動是禪，生活亦是禪。百丈禪師正是明白了這一點，才會堅持「一日不作，一日不食」，以求在勞動之中磨煉自己的心性，度化自身。在時光的洪流中，唯有充實地度過每一天，才能得到真正的解脫。

有位和尚問文益禪師：「您在一整天的生活中是如何修行的呢？」

文益禪師回答說：「步步踏著。」

步步踏著，這四個平實而淡然的字，卻有著重大的意義：人走路時都是一步一步向前走的，只有腳下踩得很實在，心無二念，才是最好的修行。人生中的每一件事，又何嘗不是如此？生命只在一呼一吸間，每一個「現在」都是生命中最重要的時光，都需要用心體會。

春風秋雨，花開花落，人們總是對不經意間消逝的美麗扼腕歎息，卻不願意為身邊的美好駐足讚美，待其逝去，方才幡然悔悟。這種人生是多麼悲哀啊！印度大詩人泰戈爾說：

「如果你因錯過了太陽而流淚，那麼你也將錯過群星。」所以，我們要使生命中的每分每秒都有所作為，每一步都留下堅實的腳印。

事事認真，才能熱愛生活且懂得生活

現代人生活很忙碌，理應倍感充實，然而事實證明，職場中的人往往感覺不到生活的重心，內心常常覺得空虛無聊，忙碌的工作、多樣化的娛樂方式便都成了暫時的麻醉劑。麻醉時間一過，空虛感又會襲來。聖嚴法師說：「當人不知道活在這個世界上的目的是什麼的時候，就會感到空虛了。」洞悉因果的法師自然能從忙碌中感受到充實。我們應該認真對待工作，享受工作，享受生活。

從前有一座山，山上有座廟，廟裡有一個老和尚和一群小和尚。其中的一個小和尚在寺院中負責撞鐘的工作。按照寺院的規定，早上和黃昏各要撞一次鐘，小和尚將撞鐘的時間牢牢地記在了心中，無論陰天下雨，還是狂風冷雪，他都堅持著自己的工作，鐘聲從未間斷。

但年復一年，小和尚終於厭倦了，他覺得每天撞兩次鐘實在是再簡單不過的工作，每天周而復始、千篇一律，實在太無聊了，於是他的心思也就漸漸麻木起來，每次撞鐘時，不是天馬行空地任思想游離在外，再不就是什麼也不想，就如機器一般。

一天，小和尚撞鐘時，寺院的住持從旁邊經過，他看到小和尚漫不經心的表情，便將他叫到了身邊，語重心長地對他說：「看來，你已經不能勝任撞鐘這個工作了，你還是去後院砍柴挑水吧！」

小和尚不解又委屈地說：「師父，撞鐘還需要什麼特別的能力嗎？難道我撞得鐘聲不夠響亮？還是曾經耽誤過時間？」

住持說：「你很準時，撞的鐘聲也很響亮。但是你的鐘聲中有什麼特殊之處嗎？」

「需要什麼特殊的東西呢？」

「你沒有理解撞鐘的意義。鐘聲不僅僅是寺裡作息的信號，更重要的是喚醒沉迷的眾生。因此，鐘聲不僅要洪亮，還要圓潤、渾厚、深沉、悠遠。心中無鐘，即是無佛；如果不虔誠，怎能擔當撞鐘之職！捫心自問，你的心中有鐘嗎？」

小和尚低下了頭，臉上露出了慚愧之色。

「暮鼓晨鐘」是寺院裡的規矩，但是規矩的存在並不只是一種古板的刻意，其中總是蘊涵著更多的深意。小和尚只是將工作當成了工作，而沒有用心去體會更深層次的含義，以至於將撞鐘當成了一份不帶任何感情的重複式工作。所以，他這個「撞鐘和尚」不夠合格。

每個人都有應盡的本分與職責，禪修如此，工作更是如此。在生活與工作中投入自己的熱情，認真對待，才不會在修行之後如竹籃打水，一無所得。認真是我們對生活、對人生的一種態度，一個懂得事事都認真的人，一定是一個熱愛生活且懂得生活的人，他也許會是一個平凡的人，但絕對不會是一個平庸的人，他的生命將因為他的認真而變得豐滿而充實。他的人生沒有虛度，而且在認真對待每一件事情中賦予了巨大意義。

破除「我執」，煩惱何處叢生

我們常常習慣說：我的錢、我的面子、我的家、我的兒子、我的財產、我的父母、我的妻子、我的丈夫、我的名譽、我的身體……「我」的觀念從不淡薄，我執深重，處處計較，經常耿耿於懷，免不了執著加深，於是一切的煩惱痛苦，也就日益漸增，接踵而來。而我執一旦破除，則一切煩惱痛苦事立刻消失，禪定境界當下現前。

庸人自擾，自尋煩惱；愚人自縛，自綁天足。這是世間不斷上演的悲劇。我們常常像蠶蛹一樣，忙碌地為自己編織一個精緻難破的繭。用一個成語來形容，就是「作繭自縛」。究其根柢，一切都是為了一個「我」，最放不下的也是這個「我」。所有人拚盡一生，去賺取這個「我」所需要的物質享受和精神享受，最終衍生出無窮無盡的苦痛。殊不知，過於執著於自我，就會讓人常被外物牽著鼻子走。

蘇東坡到金山寺和佛印禪師打坐參禪，蘇東坡覺得身心通暢，於是問禪師道：「禪師！你看我坐的樣子怎麼樣？」

「好莊嚴，像一尊佛！」

蘇東坡聽了非常高興。

佛印禪師接著問蘇東坡道：「學士！你看我坐的姿勢怎麼樣？」

蘇東坡從來不放過嘲弄禪師的機會，馬上回答說：「像一堆牛糞！」

佛印禪師聽了也很高興！

禪師被人喻為牛糞，竟無以為答，蘇東坡心中以為贏了佛印禪師，於是逢人便說：「我今天贏了！」

消息傳到他妹妹蘇小妹的耳中，妹妹就問道：「哥哥！你究竟是怎麼贏了禪師的？」

蘇東坡眉飛色舞、神采飛揚地敘述了一遍他與佛印的對話。

蘇小妹天資聰穎，才華出眾，她聽了蘇東坡的得意敘述之後，說道：「哥哥，你輸了！禪師的心中如佛，所以他看你如佛；而你心中像牛糞，所以你看禪師才像牛糞！」

蘇東坡啞然，方知自己禪功遠不及佛印禪師。

蘇東坡為什麼會輸給佛印？原因就在於他心中還有一個執著於「我」的羞恥心，聽佛印禪師說自己是佛就喜笑顏開；蘇小妹指明了他看佛印禪師像牛糞，是因為他的內心像牛糞時，就自然慚愧失笑。

人總是趨向於保護自我，相信自我，信賴自己的感覺，憑自己舊有的經驗行事，將自己抓得緊緊的。殊不知，世人所執著的「我」並不是那個真我，而是自性的一個幻影。因此，人類社會發展到當今，給我們的啟示是：要用智慧去莊嚴一切，不要用我執、我見去分裂。那麼如何放棄「我執」心呢？

有一天，藥山禪師在山上散步，看到了兩棵樹，一棵很茂盛，另一棵卻已枯萎。這時，藥山禪師的兩位徒弟道吾禪師和雲岩禪師恰巧走過來。

藥山禪師就問他們：「你們看哪一棵樹好看？」

道吾禪師首先說道：「茂盛的這棵好看！」藥山禪師聽後，點點頭。

雲岩禪師接著便說：「我倒是覺得枯的那棵好！」藥山禪師聽後也點點頭。

侍者不解地問藥山禪師：「師父，您都點頭，到底哪一棵好看啊？」

藥山禪師於是反問侍者說：「那麼，你認為哪一棵好看呢？」

侍者想了想，回答道：「枝葉茂盛的那棵固然生氣勃勃，枝葉稀疏的那棵也不失古意盎然。」藥山禪師聽後微笑不語。

確實，真正的禪者不會以「我」的標準和偏見去要求萬物，因此在他們的心中，萬物平等，並沒有高下之分，沒有善惡美醜、高下貴賤的分別，因此無論榮枯，一樣美好。

破除「我執」也是如此，首先要衝出「我」的束縛，打破私欲、拓寬胸懷、提升境界，經常反省自我，學會站在他人的角度看問題，學會關愛他人、關愛有情眾生，甚至關愛無情眾生。這就是《金剛經》裡提到的：「無我相、無人相、無眾生相、無壽者相」。只有這樣，才能真正破除「我執」。破除「我執」後，順本心而遊於萬物，自能煩惱不生，心蓮綻放。

生活是修行，工作是修行，活著即是修行！

吃喝拉撒無非修行，砍柴燒水都可成佛。如果你每天都在工作，實際上，你也是在修行。

日本人活學活用了中國的禪文化，把禪文化的精神充分地融入了他們的文化之中。實業家鈴木正三提出了一個重要的理念：工作坊就是道場。道場有很多別名，一稱「選佛場」，說的是讓凡夫俗子進去，從他們中間選出開悟的佛來；或稱為「大冶烘爐」，指把自己的身心扔到「火爐」中去，經受種種規矩的約束和師父的棒喝鍛煉，戰勝來自身心的種種障礙，最後脫胎換骨。工作坊，就是我們的「選佛場」，就是我們的「大冶烘爐」。

如果企業中所有的員工都能在每一天的點點滴滴的工作中修行，將每時每刻都當成修練、提升自己的機會，那麼所有的煩惱、痛苦、困難和壓力等，都將成為提升自己、超越自己的最佳動力。

一九七〇年代中期，日本的索尼彩電在日本已經很有名氣了，但是在美國卻不被顧客所接受，因而索尼在美國市場的銷售相當慘澹，但是索尼公司沒有放棄美國市場。

後來，卯木肇擔任了索尼國際部部長，上任不久，他被派往芝加哥。當卯木肇風塵僕僕地來到芝加哥時，令他吃驚不已的是，索尼彩電竟然在當地的寄賣商店裡蒙滿了灰塵，無人問津。

如何才能改變這種既成的印象，改變銷售的現狀呢？卯木肇陷入了沉思……

一天，卯木肇駕車去郊外散心，在歸來的路上，他注意到一個牧童正趕著一頭大公牛進牛欄，公牛的脖子上繫著一個鈴鐺，在夕陽的餘暉下叮噹叮噹地響著，後面是一大群牛跟在這頭公牛的屁股後面，溫順地魚貫而入……此情此景令卯木肇頓時茅塞頓開，接下來一路上，他是吹著口哨，心情格外開朗踏上歸途。

想想一群龐然大物居然被一個小孩兒管得服服帖帖的，為什麼？因為牧童牽著一頭領頭牛。索尼要是能在芝加哥找到這樣一隻「領頭牛」商店來率先銷售，豈不是很快就能打開局面？卯木肇為自己找到了打開美國市場的鑰匙而興奮不已。

馬歇爾公司是芝加哥市最大的一家電器零售商，卯木肇最先想到了它。為了盡快見到馬歇爾公司的總經理，卯木肇第二天很早就去求見，但他遞進去的名片卻被退了回來，原因是經理不在。

第三天，他特意選了一個估計經理比較閒的時間去求見，但得到的答案是「外出了」。他第三次登門，經理終於被他的誠心感動，接見了他，但卻拒絕賣索尼的產品。經理認為索尼的產品降價拍賣，形象太差。

卯木肇非常恭敬地聽著經理的意見，一再地表示要立即著手改變商品形象。

回去後，卯木肇立即從寄賣店取回貨品，取消削價銷售，在當地報紙上重新刊登大篇幅的廣告，重塑索尼形象。做完了這一切後，卯木肇再次叩響了馬歇爾公司經理的門，可聽到的卻是索尼的售後服務太差，無法銷售。

卯木肇立即成立索尼特約維修部，全面負責產品的售後服務工作；重新刊登廣告，並附上特約維修部的電話和位址，並註明二十四小時為顧客服務。

屢次遭到拒絕，卯木肇還是癡心不改。他規定他的員工每個人每天撥五次電話，向馬歇爾公司詢購索尼彩電。馬歇爾公司被接二連三的電話搞得暈頭轉向，以致員工誤將索尼彩電列入「待交貨名單」。這令經理大為惱火，他主動召見了卯木肇，一見面就大罵卯木肇擾亂了公司的正常工作秩序。

卯木肇笑顏逐開，等經理發完火之後，他才曉之以理、動之以情地對經理說：「我幾次來見您，一方面是為本公司的利益，但同時也是為了貴公司的利益。在日本國內最暢銷的索尼彩電，一定會成為馬歇爾公司的搖錢樹。」

在卯木肇的巧言善辯下，經理終於同意試銷兩台，不過，條件是：如果一週之內賣不出去，立馬搬走。為了開個好頭，卯木肇親自挑選了兩名得力大將，把百萬美元訂貨的重任交給了他們，並要求他們破釜沉舟，如果一週之內這兩台彩電賣不出去，就不要再返回公司了。

兩人果然不負眾望，當天下午四點鐘，兩人就送來了好消息：馬歇爾公司又追加了兩台。至此，索尼彩電終於擠進了芝加哥的「領頭牛」商店。隨後，進入家電的銷售旺季，短短一個月內，竟賣出七百多台。索尼和馬歇爾從中獲得了雙贏。

有了馬歇爾這隻「領頭牛」開路，芝加哥的一百多家商店都對索尼彩電群起而銷之，不出三年，索尼彩電在芝加哥的市場佔有率達到了百分之三十。

卯木肇在持續解決索尼進入美國市場的障礙時，提升了駕馭市場的能力；提高工作業績的同時，也享受到了工作帶來的樂趣。

禪不是空洞無物的，而是落實在工作中的每一件事情上。我們每一個人都應該將禪的精神、禪的智慧普遍地融入工作中，在工作中體現禪的意境、禪的精神、禪的風采。

「工作坊就是道場」就是提倡人們在工作中鍛煉自己的能力，磨煉自己的心性，改造自己的世界觀，並透過工作使自己的思想境界得到昇華。如果一名員工能將工作坊視為修行的道場，將不僅意味著能力的提升，也意味著境界的超越，同時還將帶來著心靈的快樂和幸福。

在工作中修行煉心

職場中，很多人覺得自己好像被工作「綁架」了，無法抽空好好修行。還有一些人認為一旦全心投入修行，就無法專注於世俗的工作了，在他們看來，工作與修行似乎是必然衝突的，完全找不到一個點將其融合起來。其實修行煉心的最好方式，就是與他人共事，而工作上所必須具備的奉獻精神與專注於當下的心，更是修行的精髓。

禪無處不在，人的一顰一笑、舉手投足都是修行。在職場奔波忙碌的眾生，心中有佛根，呼吸都是修行。在職場中的世人，難免要承擔各種各樣的責任，所謂恪守本分，即像聖嚴法師所說的，做自己該做的事情，不做不該做的事情。

把自己的本分事做好，歡喜接受所面臨的一切，過一分鐘，即消一份災。工作正是這樣的本分事，打理好自己的工作，處理好工作與私人生活的關係，便能在工作中實現個人修行的提升。

而很多人之所以覺得在工作中無法修行，就是因為心存妄想。心存妄想，即為不本分，所得弊多利少。當一個人開始厭倦每天重複的生活，心中的不安分因子就會蠢蠢欲動，生活與工作的激情開始消退，新的欲望也就開始萌生。這個時候，人就開始漫不經心地經營自己的生活。生活中的柴米油鹽中都有禪機，起臥坐行也都是修行，態度不認真的人又怎麼能在生活這場大課堂中領悟到佛法呢？

一位行腳僧到達一座小鎮時，恰巧趕上雨天，他便敲開了一戶人家的房門，請求房主讓他進屋避雨。

開門的是一位六旬老翁，聽到僧人的請求之後，老人尷尬地笑了笑，讓他進了屋裡。

僧人進門之後，不由得大吃一驚，屋外是滂沱大雨，屋內則是細雨綿綿。

僧人忍不住問道：「這座房子看上去像是新蓋不久，為何會漏雨呢？」

老翁說道：「既然師父問起來了，我也就不再隱瞞，也請師父指點一二。」

僧人沉默地點了點頭，聽老人道出了原委。

原來老人本是一名木匠，奮鬥了一生，修了無數座房子。去年他深感自己年事已高，想及早離開這一行，和妻子兒女盡享天倫之樂，於是向老闆請辭，但是老闆實在捨不得這麼優秀的一位木匠，就要求他在離開之前竭盡自己所能，蓋一棟自己最滿意的房子。礙於情面，老木匠答應了老闆的要求，但是在設計房子的時候他沒有真正用心，甚至在蓋房子的過程中還偷工減料。

當房子真正完成的那一天，他將鑰匙交到老闆手裡準備離開時，但是老闆握著他的手，把鑰匙放進了他的掌心，誠懇地對他說：「你是我見過的最好的木匠！這座房子本意就是要用來獎勵你的，所以，請你一定要收下。」

老木匠一生中建造了無數座好房子，最後一棟粗製濫造的房子卻留給了自己。

聽完老人的故事，僧人久久未語。

雨停之後，僧人起身告別，他對老人說：「對不起，我並不能指點你什麼，我還要回寺院去誦經。」

想必這位木匠已經為自己的過錯而深深後悔了，恪守自己的本分，做自己該做的事情，貌似是一件很簡單的事情，但是在現實生活中，總會有無數的誘惑或者出其不意衝擊著我們長期秉持的信仰。

所謂「在其位謀其政」，每個人在自己的崗位上，都應該把該做的、必須做的事情逐一做到，而且還要做好，這便是最好的修行。恪守本分，並不是一件容易的事情，其中有感情的抑揚起伏，也有理智的冷靜思索，它是低沉的、舒緩的，又是適度的、堅定的。無法真正體會到其中深意的人，自然也就無法將它納入自己生活旋律的音符之中。

做清貧者，而非吝嗇者

聖嚴法師有一位朋友是個家財萬貫、非常成功的商人。

有一天，聖嚴法師去拜訪他。這位朋友從冰箱裡取出半個檸檬，切下一片放進聖嚴法師的茶杯裡，接著切下一片放進了自己的杯子裡，最後又把剩下的半個檸檬放回了冰箱。

聖嚴法師說：「這顆檸檬似乎已經被切過好幾次了。」

朋友回答：「是啊，之前也用來泡茶招待客人。」

「這個檸檬已經吃了幾天了呢？」法師問。

「今天是第三天。一般來說，我一顆檸檬可以吃上五、六天。大師是不是覺得我太吝嗇了？」朋友略有些侷促。

聖嚴法師沒有直接回答他的問題，而是又問道：「你每天的早餐都吃些什麼？」

「一杯咖啡、一顆蘋果、一杯牛奶。反正我一個人吃飯，早餐也習慣如此。」朋友回答。

「你一顆檸檬吃五六天，早餐也如此簡單，是不是太節省了？」聖嚴法師微笑著等待對方的回答。

朋友平靜地說：「可是，我只需要這麼多！」

一個有錢人生活竟如此簡樸，一般人可能都會覺得他太過吝嗇或小氣，但聖嚴法師對他的生活態度卻大為肯定。更重要的是，這位商人把個人的消費降到了最低，對他人卻非常慷慨，將自己的很多金錢投諸於慈善事業。

聖嚴法師將朋友的這種生活稱為「清貧」的生活，這種生活「符合自然，盡量節約，崇尚樸實，是一種返璞歸真的生活」。或許仍然會有人認為「吝嗇」等同於「清貧」，但聖嚴法師認為兩者的實質截然不同：清貧者追求的是一種簡單的生活，尤其是家境較為寬裕的人，不花錢並不是因為捨不得；吝嗇者是因為捨不得給自己，更捨不得給他人，所以才節省。

事實上，珠光寶氣並不是高貴的象徵，人之所以高貴，重要的是氣質和品格，而非外在的浮華。

一位皇帝想要整修京城裡的一座寺廟，他派人去找技藝高超的設計師，希望能夠將寺廟整修得美麗又莊嚴。官員們找來了兩組人員，其中一組是京城裡很有名的工匠與畫師，另外一組是幾位和尚。由於皇帝不知道到底哪一組人員的手藝比較好，就決定考考他們。他將兩組人分別帶到一座需要整修的小廟，並給了同樣的金額，讓他們隨意支配。

工匠買了一百多種不同顏色的漆料，還有很多工具；和尚只買了一些抹布與水桶等簡單的清潔用具。

三天之後，皇帝來驗收。他首先看了工匠們所裝飾的寺廟——一座被裝飾得五顏六色，金光璀璨的寺廟。

皇帝滿意地點點頭，接著去看和尚們負責整修的寺廟。他看了一眼就愣住了，和尚們所整修的寺廟沒有塗上任何顏料，他們只是把所有的牆壁、桌椅、窗戶等都擦拭得非常乾淨，寺廟中所有的物品都顯出了原來的顏色，而它們光亮的表面就像鏡子一般，反射出從外面照射進來的色彩。天邊多變的雲彩、隨風搖曳的樹影，甚至是對面五顏六色的寺廟，都變成了這個寺廟美麗色彩的一部分。在正殿中，很多香客在虔誠地向佛祖跪拜。

皇帝問和尚：「你們把錢花在哪裡了？」

和尚合掌回答：「皇上，那些接受了您的施捨的流浪者，正在佛前為您祈福！」

皇帝為此感動不已。

經過和尚整理，沒有任何裝飾的寺廟似乎有一種神奇的魔力，如同鏡子一般，光亮的表面映射出外面的色彩，更折射出了樸素到極致的美麗。

現實生活中，很多人跟隨著時代潮流，追求著最前衛的美，這則禪宗故事卻告訴我們：極致的樸素也可能是極致的美麗，時尚華麗固然吸引大眾的目光，樸素淡然仍有它獨特的精彩之處。和尚們用最簡單的方法完成皇帝的任務，卻把更多的福澤與需要者分享，這恰恰印證了聖嚴法師的話：唯有簡樸、簡單，才能分享更多的東西；如果僅僅被自己浪費、享受了，能夠提供給人的東西就變少了。

與其在眼花撩亂的世界中迷亂了視線，不如像聖嚴法師的那位朋友一樣，做個清淡、簡樸的清貧者，在樸實、簡單的生活中安定下來，才不會隨著物質世界顛倒起伏。

將忍做到極致就是成功

忍不但是人生一大修養，是修學菩薩道的德目，也是過幸福生活不可或缺的動力。忍可以化為力量，因為忍是內心的智慧，忍是道德的勇氣，忍是寬容的慈悲，忍是見性的菩提。忍的含義如此豐富，自然能夠為幸福人生增添更多的滋養。

真正的忍耐不僅表現在臉面上、口上，更在心上，不需要格外約束自己，而是自然流露，不需要格外付出力氣、也分毫不勉強。人要活著，必須以忍處世，不但要忍窮、忍苦、忍難、忍饑、忍冷、忍熱、忍氣，也要忍富、忍樂、忍利、忍譽。以忍為慧力，以忍為氣力，以忍為動力，還要發揮忍的生命力。

有一支剛剛被製作完成的鉛筆即將被放進盒子裡送往文具店，鉛筆的製造商把它拿到了一旁。

製造商說，在我將你送到世界各地之前，要事先告訴你五件事情：

第一件事，那就是你一定能書寫出世間最精彩的語句，描繪出世間最美麗的圖畫，但你必須允許別人始終將你握在手中。

第二件事，有時候，你必須承受被削尖痛苦，因為只有這樣，你才能保持旺盛的生命力。

第三件事，你身體最重要的部分永遠都不是你漂亮的外表，而是黑色的內芯。

第四件事，你必須隨時修正自己可能犯下的任何錯誤。

第五件事，你必須在經過的每一段旅程中留下痕跡，不論發生什麼，都必須繼續寫下去，直到你生命的最後一毫米。

鉛筆的一生是充滿傳奇的一生，它用自己的生命勾勒著世人心中最精緻的圖畫，書寫著最溫暖的文字，即使在生命漸漸消失的時候，還在創造著鮮活的美麗痕跡。但是，它所邁出的每一步，卻都踩在鋒利的刀刃上，它的一生都在忍受著無窮的痛苦。

星雲大師認為：「忍，是中國文化的美德；忍，也是佛教認為最大的德行。無邊的罪過，在於一個嗔字；無量的功德，在於一個忍字。」充實的生命，幸福的人生，需要能夠忍受寂寞，忍受他人的惡意羞辱，忍受生活的磨煉，在忍耐中堅強，在堅強中成長。

遠方的山裡有座寺廟，廟裡有尊銅鑄的大佛和一口大鐘。每天大鐘都要承受幾百次撞擊，發出哀鳴，而大佛每天坐在那裡，接受千千萬萬人的頂禮膜拜。

一天深夜裡，大鐘向大佛提出抗議說：「你我都是銅鑄的，你卻高高在上，每天都有人向你獻花供果、燒香奉茶，甚至對你頂禮膜拜。但每當有人拜你之時，我就要挨打，這太不公平了吧！」

大佛聽了之後思索了一會兒，微微一笑，然後安慰大鐘說：「大鐘啊，你也不必豔羨我，你知道嗎？當初我被工匠製造時，一棒一棒地捶打，一刀一刀地雕琢，歷經刀山火海的痛楚，日夜忍耐如雨點落下的刀錘……千錘百煉，才鑄成佛的眼耳鼻身。我的苦難，你不曾忍受，我走過難忍能忍的苦行，才坐在這裡，接受鮮花供養和人類的禮拜！而你，別人只在你身上輕輕敲打一下，就忍受不了，痛得不停喊叫！」

大鐘聽後，恍然頓悟。

忍受艱苦的雕琢和捶打之後，大佛才成其為大佛，鐘的那點捶打之苦又有什麼的呢？忍耐與痛苦總是相隨相伴，而這樣的經歷，卻總是能夠將人導向幸福的彼岸。

當寺廟中的大鐘依然每天承受著撞擊和捶打時，故事中的那支鉛筆，究竟勾勒出了怎樣動人的線條呢？

簡約是福，別活得太辛苦

你是否經常發現自己常常莫名地陷入不安，卻找不出合理的原因。面對生活，我們的內心會發出微弱的呼喚，只有躲開外在的嘈雜喧鬧，靜靜聆聽並聽從它，你才會做出正確的選擇，否則，你將在匆忙喧鬧的生活中迷失，找不到真正的自我。

一些過高的期望其實並不能為自己帶來快樂，卻總是左右著我們的生活：擁有寬敞豪華的寓所；美滿的婚姻；努力工作以爭取更高的社會地位；買高級商品，穿名貴皮革；跟上流行的大潮，永不落伍……

想要過著簡單的生活，必須拋棄掉這些過高的期望。富裕奢華的生活需要付出巨大的代價，而且無法為人帶來相應的幸福。如果我們降低對物質的需求，改變這種奢華的生活目標，我們將可節省出更多的時間充實自己。清閒的生活讓人更加自信果敢，珍視人與人之間的情感，幸福、快樂、輕鬆是簡單生活追求的目標。這樣的體驗，將更能讓人認識到生命的真諦所在。

人們不是喜歡熱鬧，只是需要熱鬧。生活需要簡單持續地沉澱。跳出忙碌的圈子，丟掉過高的期望，走進自己的內心，認真地體驗生活、享受生活，你會發現生活原本就是簡單而富有樂趣的。簡單生活不是忙碌的生活，也不是貧乏的生活，它只是一種不讓自己迷失的方法，你可以因此拋棄那些紛繁而無意義的生活，全身心投入你的生活，體驗生命的激情和至高境界。

一位專欄作家曾這樣描述過一個美國普通上班族的一天：

七點中鬧鐘響起，開始起床忙碌：洗澡，穿上職業套裝——有些是西裝、裙裝，還有一些是工作服，醫務人員穿白色的，建築工人穿牛仔和法蘭絨T恤。接著吃早餐。抓起水杯和工作包（或者餐盒），跳進汽車，接受每天被稱為高峰時間的懲罰。

從上午九點到下午五點工作……裝得忙忙碌碌，掩飾錯誤，微笑著接受脫離現實的最後期限。當「組織改組」或「裁員」的斧頭（或者直接炒魷魚）落在別人頭上時，自己長長地鬆了一口氣。扛起額外增加的工作，不斷看著時鐘，和內心的良知交戰，行動上卻和你的老闆保持一致。再次微笑。

下午五點整，坐進車裡，行駛在回家的高速公路上。與配偶、孩子或室友友好相處。吃飯，看電視。

八小時天賜的大腦空白。

像這樣機械式的無趣生活離我們並不遙遠。我們和美國普通勞動者一樣，每天都在一片大腦空白中忙碌著，置身於一件件做不完的瑣事和找不到盡頭的雜念中，整天忙忙碌碌，絲毫體驗不到生活的樂趣，這時候，我們應拋開一切，讓自己放空一小段時間，讓自己重新找到生活的意義和樂趣。

可以從每天抽出一小時開始。一個人靜靜地待著，什麼也不做，當然前提是，你要找一個清靜的地方，否則如果總是有熟人經過，你們一定會像往常那樣漫無邊際地聊起來。也許剛開始的時候，你會覺得心慌意亂，因為還有那麼多事情等著你去做，你會想如果是工作的話，早就把明天的計畫擬定好了，這樣乾坐著，分明就是在浪費時間。可是，如果你把這些念頭從大腦中趕走，堅持下去，漸漸你就會發現整個人都輕鬆多了，這一個小時的清閒讓你感覺很舒服，接下來的你，做起事情來也不再像以前那樣手忙腳亂，你可以很從容地去處理各種事務，不再有逼迫感。接下來你可以逐漸延長空閒的時間，像是四小時、半天甚至一天。

拋開一切事情，什麼也不做，一旦養成了習慣，你的生活將能獲得很大改善，你將可從混亂無章的感覺中走出，讓頭腦得到徹底淨化。

心門不開，世界的精彩就不會進來

一名少年去拜訪年長的智者。

他問：「我要如何才能變成一個讓自己愉快幸福，也能夠給別人帶來幸福愉快的人呢？」

智者笑著望著他說：「孩子，你有這樣的願望，已經很難得了。很多比你年長的人，從他們問的問題本身就可以看出，不管給他們多少解釋，都不可能讓他們明白真正的道理，就只好讓他們依然那樣。」

少年滿懷虔誠地聽著，臉上沒有絲毫得意的神情。

智者接著說：「我送你四句話。第一句話是，把自己當成別人。你能說說這句話的含義嗎？」

少年回答說：「是不是說，在我感到憂傷的時候，就把自己當成是別人，這樣痛苦就會自然減輕；當我欣喜若狂之時，就把自己當成別人，那些狂喜也會變得平淡中和一些？」

智者微微點頭，接著說：「第二句話，把別人當成自己。」

少年沉思一會兒，說：「這樣就可以真正同情別人的不幸，理解別人的需求，而且在別人需要的時候給以恰當的幫助？」

智者兩眼發光，繼續說道：「第三句話，把別人當成別人。」

少年說：「這句話的意思是不是說，要充分地尊重每個人的獨立性，任何情形下都不可侵犯他人的核心領地？」

智者哈哈大笑：「很好，很好，孺子可教也。第四句話是，把自己當成自己。這句話理解起來太難了，留著你以後慢慢品味吧。」

少年說：「這句話的含義，我一時體會不出。但這四句話之間有許多自相矛盾之處，我怎樣才能把它們統一起來呢？」

智者說：「很簡單，用一生的時間和閱歷。」

少年沉默了很久，然後叩首告別。

後來少年變成了中年人，又變成了老人。再後來在他離開這個世界很久以後，人人都還時時提到他的名字。人們都說他也是一位智者，因為他是一個愉快的人，而且也給每一個見到過他的人帶來了愉快。

能夠認識別人，是一種智慧；能夠被別人認識是一種幸福；能夠認識自己就是聖者賢人。其實，人生的快樂祕訣就凝聚在這三句話裡。

快樂和幸福有時候十分簡單，比如常常笑。這樣簡單的表情不容易讓人忘記。而且往往能讓人保持愉快的心情。當這愉快的心情敲擊你的心門時，如果未能適時打開這扇緊閉的心門，你便不能與快樂同在。

所有的內在品格，都無法為人帶來幸福，只有愉悅健全的精神能夠讓人感到快樂。愉快、喜悅和幸福並無先後關係，只要心情愉快、喜悅，幸福便自然存在其中了。品格能夠補償所有的缺憾，就像月亮把影子投映在山上，月亮的圓滿會漠視崎嶇的山川，以其自身的美好而深感幸福。

國家圖書館出版品預行編目資料

做情緒的最高主宰 ： 都市身心靈情緒調節課 / 王光波編著
・——初版——新北市：晶冠，2020.03
面；公分・——（智慧菁典系列；16）

ISBN 978-986-98716-1-7（平裝）

1. 心靈學　2. 靈修

175.9　　109002965

智慧菁典　16

做情緒的最高主宰

都市身心靈情緒調節課

作　　者　王光波
副總編輯　林美玲
特約編輯　李美麗
封面設計　王心怡
出版發行　晶冠出版有限公司
電　　話　02-7731-5558
傳　　真　02-2245-1479
E-mail　ace.reading@gmail.com
部 落 格　http://acereading.pixnet.net/blog
總 代 理　旭昇圖書有限公司
電　　話　02-2245-1480（代表號）
傳　　真　02-2245-1479
郵政劃撥　12935041 旭昇圖書有限公司
地　　址　新北市中和區中山路二段352號2樓
E-mail　s1686688@ms31.hinet.net
旭昇悅讀網　http://ubooks.tw/
印　　製　福霖印刷有限公司
定　　價　新台幣299元
出版日期　2020年04月　初版一刷
ISBN-13　978-986-98716-1-7

本書係原書名《我們都應該更誠實的做自己》的增修版